講義

政治学入門

デモクラシーと
国家を考える

宮原辰夫

春風社

目次

はしがき

　わたしたちは、民主主義あるいはデモクラシーという言葉を聞いて、何を連想するであろうか。多くの人が、「平等」や「選挙」や「多数決」、あるいは「議会」や「手続きのあり方」などを連想するのではなかろうか。もちろん、こうした連想も決して間違ったものとはいえない。しかし、それが民主主義（デモクラシー）のもつ意味の本質を語っているかといえば、必ずしもそうとはいえない。なぜなら、長い歴史の中で、民主主義の意味も内容も変化し、現在も揺れ動いているからである。

　筆者は、長い間一般教養科目の「政治学（入門）」を教えてきた。近年、高校時代に世界史や現代社会などの科目を履修してこなかった大学生が増えてきている。歴史や地名、有名な（外国人）思想家の名前などに親しみがないため、政治学を理解するのに苦労している学生が多い。だから、ただ文字で埋まっている分厚い教科書では、学生の興味や関心を引くのは難しいと思った。

　本書の目的は、政治学を初めて学ぶ大学生、政治学とはあまり関係のない学部の1・2年生を対象に、歴史や思想家の考え方を通して、民主主義（デモクラシー）と国家の基礎的な意味やその変容を理解し、それを通して今日の民主主義（デモクラシー）と国家の問題について少しでも考えてもらうことである。したがって、本書は、政治学をわかりやすく学ぶために、必要と思われる箇所には年表や図を挿入したり、また思想家や哲学者たちの重要と思われるテキストは原典（日本語訳）からの引用文を記載したりするなど、いろいろな工夫を行っている。

　本書は、「民主主義（デモクラシー）とは何か」「国家とは何か」を考えるうえで、基礎的な政治学の知識を身につけてもらう、いわば政治学の入門書として位置づけられるものである。本書の具体的な内容を少し紹介すると、民主主義の起源とされる古代ギリシアのアテナイの民主政まで

さかのぼり、そこから民主主義批判の歴史、近代民主主義、大衆社会へと進みながら、民主主義と自由、社会契約などに関する理論や思想を歴史的に概観する。こうした民主主義と国家をめぐる歴史的な考察のプロセスのなかで、政治学の基本的な概念や、国家と権力、民主主義や社会契約論の理論を学ぶことになる。

　本書は、政治学の基本的な論点を紹介したものである。それゆえ、政治学のすべての論点を網羅したものではないが、これから政治学を学ぼうとする大学生あるいは一般読者にひとつの方向性を示そうと試みたものである。読者の皆さんにお願いしたいのは、政治学の内容をひたすら覚えこむのではなく、歴史的な背景やその時代に優勢となった思想や理論を理解することに専念していただきたい。そして、今日の政治的な諸問題に対して、少しでも自分自身の意見が語れるようになったならば、本書の目的はほぼ達成されたのではないかと思う。

　最後に、編集・印刷の過程で大変お世話になった春風社の岡田幸一編集長に心より感謝を申し上げる。なお、本書において、読み手が読みにくい漢字にはできる限りルビをふった。したがって、引用著作の表記と異なる点があることを予めお断りしておく。

令和3年3月

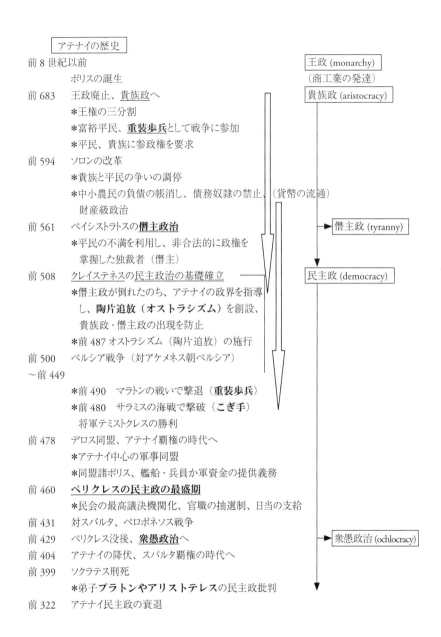

アテナイの歴史

前8世紀以前
　　　　　ポリスの誕生

前683　　王政廃止、貴族政へ
　　　　　＊王権の三分割
　　　　　＊富裕平民、**重装歩兵**として戦争に参加
　　　　　＊平民、貴族に参政権を要求

前594　　ソロンの改革
　　　　　＊貴族と平民の争いの調停
　　　　　＊中小農民の負債の帳消し、債務奴隷の禁止、（貨幣の流通）
　　　　　　財産級政治

前561　　ペイシストラトスの**僭主政治**
　　　　　＊平民の不満を利用し、非合法的に政権を
　　　　　　掌握した独裁者（僭主）

前508　　クレイステネスの民主政治の基礎確立
　　　　　＊僭主政が倒れたのち、アテナイの政界を指導
　　　　　　し、**陶片追放（オストラシズム）**を創設、
　　　　　　貴族政・僭主政の出現を防止
　　　　　＊前487 オストラシズム（陶片追放）の施行

前500　　ペルシア戦争（対アケメネス朝ペルシア）
～前449
　　　　　＊前490　マラトンの戦いで撃退（**重装歩兵**）
　　　　　＊前480　サラミスの海戦で撃破（**こぎ手**）
　　　　　　将軍テミストクレスの勝利

前478　　デロス同盟、アテナイ覇権の時代へ
　　　　　＊アテナイ中心の軍事同盟
　　　　　＊同盟諸ポリス、艦船・兵員か軍資金の提供義務

前460　　**ペリクレスの民主政の最盛期**
　　　　　＊民会の最高議決機関化、官職の抽選制、日当の支給

前431　　対スパルタ、ペロポネソス戦争

前429　　ペリクレス没後、**衆愚政治**へ

前404　　アテナイの降伏、スパルタ覇権の時代へ

前399　　ソクラテス刑死
　　　　　＊弟子**プラトンやアリストテレス**の民主政批判

前322　　アテナイ民主政の衰退

王政 (monarchy)
（商工業の発達）

貴族政 (aristocracy)

僭主政 (tyranny)

民主政 (democracy)

衆愚政治 (ochlocracy)

古代ギリシアの政治史

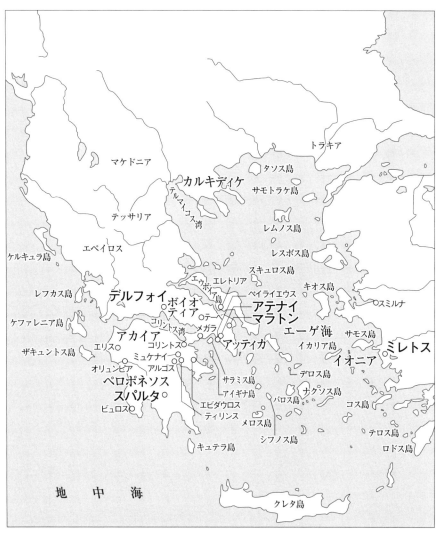

マケドニア

トラキア

テッサリア

エペイロス

ケルキュラ島

レフカス島

ケファレニア島

ザキュントス島

カルキディケ

テルマイコス湾

タソス島

サモトラケ島

レムノス島

レスボス島

スキュロス島

キオス島

スミルナ

デルフォイ

ボイオティア

エウボイア島

エレトリア

ペイライエウス

アテナイ
マラトン

エーゲ海

サモス島

ミレトス

イオニア

テーベ

コリントス湾

メガラ

アッティカ

イカリア島

アカイア

エリス

コリントス

ミュケナイ

オリュンピア

アルゴス

サラミス島

デロス島

ナクソス島

コス島

ペロポネソス
スパルタ

ビュロス

アイギナ島

エピダウロス

ティリンス

パロス島

メロス島

シフノス島

テロス島

ロドス島

キュテラ島

地 中 海

クレタ島

ギリシア全図（紀元前 5 〜前 4 世紀）

10

= 第1章 =

アテナイ民主主義の歴史

1 ポリスの形成と民主主義の起源

　民主主義（デモクラシー）の起源は、古代ギリシアのポリス（都市国家）にあるといわれる。それは、デモクラシー（democracy）の語源となったデモクラティア（democratia）がギリシア語の「民衆・人々」を意味する"デーモス demos"と「支配・人々の力」を意味する"クラトス kratos"の合成から成り立っていることからもわかる。

　デモクラシーは、通常は「民主主義」と訳されるが、政治体制をいう場合には、「民主政」あるいは「民主制」をさす。しかし、古代ギリシアのアテナイ（アテネ）で、なぜデモクラシー（民主主義）は生まれたのであろうか。もちろん、今日において、「民主主義の起源は、本当に古代ギリシアなのか」「民主主義の起源は特定の文明や伝統にあるのではない」といった問題提起がなされている[1]。それであればなおさら、民主主義の起源を古代ギリシアにしぼって議論するのは、きわめて乱暴な気がする。

　たしかに、長い人類の歴史を振り返れば、古代ギリシアで行われていた自治的な集会は世界のあちこちのコミュニティで開かれていたはずである。人々はある場所に集まり、議論を通して自分たちの意思決定を行うというプロセスは、決して古代ギリシアに特有のものではなかった。そうだとすれば、なおさら民主主義の起源を古代ギリシアの民主主義だけにしぼって議論するのは問題ではないかと思われるかもしれない。

　それでも、本書が民主主義の起源を古代ギリシアにみる理由は、古代

ギリシアにおいて、民主主義の形成とその営みがきわめて明確化されており、しかも民主主義の制度と実践においてアテナイの市民はきわめて自覚的であったからである。アテナイの市民は民主主義の制度を実践することに誇りを持ち、民主主義への参加を負担と考えずむしろ誇りと考え積極的に参加していたのである。

　古代ギリシアでは、最初から民主政がベストだという考え方があったわけではない。ポリス（都市国家）の成立以前、古代ギリシアの政治体制は王政であった。この王たちは官僚組織を持たず、また独裁的な支配者でもなかった。貴族たちとの関係においても、相対的に優位に立つにすぎず、いわゆる貴族の第一人者たる一族によって支配される形態であった。しかし、前7世紀頃には、この王政はポリスの成立の過程で没落し、少数の有力貴族による共同支配、つまり貴族政へと移行することになったのである。

　ギリシア人はポリス（都市国家）という独特の国家形態を生み出した。ポリスに集住した貴族たちは政治・軍事・司法の主導権を握ることになった。そこで行われる政治的支配とはどのようなものであったのであろうか。「政治」を表す英語のポリティクス（politics）という言葉は、古代ギリシアのポリスに起源をもつ。古代ギリシアのポリスにおける「政治的支配」とは、王が臣民を奴隷のように支配するものではなく、自由で相互の独立した市民の間における共同体の自己統治であった。つまりポリスのあり方と「政治」の概念の間には深い結びつきがあったわけである。ポリスにおける「貴族政」から「民主政」への移行は、政治的支配が貴族から民衆へと移っていく過程であったといえよう。

2　ポリスの誕生——貴族政時代

　ポリスの誕生により、アテナイの王政も貴族制へと転換したわけであるが、なぜ少数の貴族だけが政治と司法（裁判）を独占し、国政を思うように牛耳ることができたのであろうか。当時、ポリス（都市国家）の国防を担うためには、高価な馬と武具を自前でそろえる必要があった。貴

族だけがそれが可能であったのである。つまり、古代ギリシアのポリスにおける政治的支配は、国防を担う戦士であることによって正統化されていたといえる。

　貴族たちはおのれの出自を誇り、かれらの間の強い結束により、貴族から選ばれた9人のアルコン（執政官、任期1年）がポリスを統治していた。しかし、これに対して、平民層（農民が大部分を占める）は決して黙って従っていたわけではない。力は及ばないものの、平民は貴族たちの民会の決定や裁判の判決を批判することで、一定の影響を与えていたし、かれらの行動を制約することもできた。というのは、貴族と平民の関係においては、あくまでも相対的な優位に立つに過ぎなかったからである。平民層の大部分を占めている農民たちは、土地所有の規模こそはるかに劣るものの、基本的に貴族と同じ独立の農業経営者であった。つまり、平民が貴族に経済的に隷属したり、あるいは貴族が平民に賦役や課税を課したりする力もなかったのである。

　ポリスにおいて商工業が発達し、次第に武具の価格が安くなると、自前で武具をそろえて戦争に参加する富裕な平民が現れはじめた。かれらが「重装歩兵」として軍隊の主力となって活躍すると、貴族の政権独占も動揺するようになった。戦争に参加した平民は政治参加の権利を要求しはじめた。しかし貴族は、政治参加の権利は貴族の既得権益と考え、必ずしも平民に積極的に与えようとはしなかった。その結果、政治的支配をめぐって貴族と平民の間に対立が次第に尖鋭化しはじめたのである。

ドラコンの改革

　前7世紀後半、アテナイの立法者ドラコンは、貴族に対する平民側の不満を和らげるために、従来の慣習法（貴族による恣意的解釈による法）を成文化し、有力貴族による公権力（政治・司法）の独断を規制する法秩序の維持をはかった。ドラコンの法は、アテナイの最初の成文法として、国家の政治運営に一定の方向をさし示した功績は否定できない。しかし、その法は当時のアテナイが抱えていた政治的対立や社会問題を抜本的に解決する処方箋となりえなかった。

ソロンの改革

アテナイなどのポリスでは、次第に平民が台頭するようになった。その結果、平民と貴族の間にはこれまでにない緊張関係が表面化するようになった。前594年、富裕層（貴族）に対する中小農民（下層平民）の不満が頂点に達すると、貴族・平民の双方に人望のあったアテナイの政治家ソロンがアルコン（執政官）に選ばれ、その「調停者」として事態打開の任にあたった。

中小農民（下層平民）は困窮すると富裕層から借金し、なかには借金のために債務奴隷に転落する者もでていた。ソロンは、こうした事態に中小農民が陥るのを恐れた。中小農民の没落は、ポリス全体の存亡の危機を意味していたからである。というのは、重装歩兵としてのポリス全体の国防を支えていたのは主に中小農民であったからだ。

ソロンが行った3つの国制改革の2つは、富裕者への「債務の帳消し」と、中小農民が奴隷身分に転落するのを防止する「債務奴隷の禁止」であった。また、こうした債務奴隷が再び現れないように、身体を抵当にした借財を禁止した。ソロンは、中小農民が自由民として貴族と平等な地位に立つ市民団の回復を強く望んでいたのである。そして3つ目の国制改革は、財産の大小による市民の権利義務を定めた「財産（級）政治の実施」であった。

ソロンのこうした国制改革は、たんに中小農民の救済ということだけでなく、経済的・軍事的に力をつけてきた平民の意向を、なんらかの形で国政に反映させようとする意欲的な取り組みであった。なかでも「財産（級）政治」は、従来の貴族階級の家柄や生まれではなく、財産（家の経済力）を基準に市民を4等級に分け、その等級に応じて参政権と兵役義務を定めたものであった。つまり、政治参加の権利を、家柄ではなく、ポリスへの軍事的な貢献に求めたのであった。

しかし、財産を持たない無産階級の平民には、民会への出席権が与えられただけで、貴族たちは依然として上位の等級を占め、国政に対する発言力を保持していた。だが結果として、富裕な平民層の一部が、上位の等級にのぼりつめ、国政の中枢に参加する制度的な道が開かれた意義

は大きい。この意味において、ソロンの改革がアテナイの民主政の第一歩となったことは間違いないといえる。

3 僭主政から民主政へ

僭主の出現

　こうしたソロンの改革もまた、アテナイの抱える社会問題や貴族と平民との対立を解消することはできなかった。貴族層は改革のゆきすぎを批判し、また、平民側からは改革の不徹底を非難する声が強く、とりわけ中小農民の不満は高かった。こうした貴族と平民の対立が深まり、党派間の争いが激しくなるなかで登場したのが、ペイシストラトス（前600頃〜前528）であった。前561年、ペイシストラトスは平民（中小農民）の不満を利用して、武力を用いて非合法的にアテナイの統治権を握り僭主と呼ばれた。僭主とは、正式の手続きによらず（世襲や法によらず）、実力（武力）によって君主の地位を奪った独裁者をいう[2]。

　たしかに、ペイシストラトスの僭主政は、非合法的な独裁政治であったが、必ずしも平民にとって抑圧的な政治ではなかった。貴族出身のペイシストラトスは、自らの権力基盤を貴族ではなく、圧倒多数の中小農民層に置き、かれらに対する保護政策を実施することで、アテネ市民団の中核たるべき中小農民層の形成を促そうとした。中小農民の積極的な保護政策として、具体的には反対派の貴族の土地や、公有地の一部を与えるなど、再分配政策を行った。ペイシストラトスの僭主政は、永続しなかった。ペイシストラトスの死後、僭主政はその息子たちに継承された。しかし、前510年に僭主であったヒッピアスが追放されると、短い独裁支配は終わった。

アテナイ民主政の始まり──クレイステネス

　アテナイの僭主政が倒れたのち、前508年のアテナイ政界を指導したのはクレイステネスであった。かれは、民衆（平民）の圧倒的な支持を得て、貴族政の再興ではなく、民主政成立の基盤となる改革を行った。

そのなかで、もっとも有名なのが、「オストラシズム（陶片追放）」であろう。これは、市民一人ひとりが僭主となるおそれのある人物の名を陶片（オストラコン）に刻み、これを投ずる。規定数を越えた最多得票者1人は10年間、国外追放される制度である。ただし、市民権を剥奪されることも、財産を没収されることもなかった。「オストラシズム（陶片追放）」は、僭主政の再現を阻むうえで有効な制度と思われ、前487年にはじめて施行されたが、のちに悪用され、有能な多くの指導者がこれにより追放された。

　クレイステネスの画期的な改革といえば、国制（行政・軍事）の基礎を旧来の"血縁的な原理"による「四部族制」を廃し、"地縁的な原理"によって組織された「十部族制」を創設したことであろう。なぜこの十部族制が民主主義の導入において画期的なものであったのか。クレイステネスが導入した十部族制は、たんなる地縁的な区割りではなかった。全国土を都市部、沿岸部、内陸部の3つにわけ、さらにそれぞれを10に区分し、合計で30の区が作られた。このうち、都市部、沿岸部、内陸部から1つずつ選んで組み合わせたものが1つの部族となったのである。

　このような手の込んだ十部族制が作られたのには理由があった。クレイステネスは、単純な地縁的な区割りでは、貴族の影響力を排除できないと考えた。旧来の血縁・地縁を完全に断ち切りためには、人為的に組み合わされた新しい社会の編成原理を導入する必要があったのである。クレステネスは、十部族制を軸にして、五百人評議会や将軍職（ストラテゴス）を設置し、アテナイの民主政を確立・発展させるのに大きな役割を果たした。とりわけ抽選制の導入は、貴族政の再現を阻止するうえで有効であった。アテナイの民主政が完成するには、あと半世紀ほど待たなければならない。しかし、その前提となる制度的な枠組みは、クレイステネスの改革の時にすでに築かれていたといってよい。

4 アテナイの民主政とペルシア戦争

マラトンの戦い

　前5世紀はじめ頃、小アジアのイオニア植民市において、大帝国アケメネス朝ペルシア（前550–前330）支配に対する反乱が起こり、これを契機にペルシアとアテナイ・諸ポリス連合の間で戦争が起こった。これが、50年近く続いたペルシア戦争（前500–前449）である。アテナイは、マラトンに上陸したペルシア軍をミルティアデス率いるアテナイの重装歩兵軍が撃退し勝利を収めた。

　このとき、一人の兵士が、マラトンでの勝利を一刻も早く祖国アテナイに知らせようと、マラトンの平原（約36km）を走り抜け、その報告の直後に絶命したという逸話は広く知られている。近代オリンピックのマラソン競技は、このマラトン平原の名に由来することはあまりにも有名な話である。しかし、"歴史の父"と呼ばれるヘロドトス（前485–前425頃）が書いた『歴史』（ペルシア戦史）には、そうした記述は一切見当たらない。

サラミスの海戦

　前480年、ペルシア王クセルクセスは、10年前のマラトンの戦いでの雪辱を遂げようと、再びギリシア討伐に向けて大軍を率いて出征した。これを知ったギリシア側諸ポリスは動揺し、大混乱状態に陥った。ペルシア軍と戦うべきか、それとも回避すべきか、それを決めるために、アテナイはデルフォイ（デルポイ）の神殿に使節を派遣し、巫女に神託を伺った。巫女はつぎのように神託を下した。

> 憐れなる者どもよ。なぜにここに座っておるのじゃ。家屋敷も、輪形の町の聳え立つ頂きも捨てて、地の涯に逃げよ。（そらたらの町は）頭も胴体も無事にはすまね、足のつま先、また手も胴も余すところなく亡びゆくぞ。町は火に焼かれ、シリアの車を駆って進みくる猛々しい軍の神に踏みにじられる。（ヘロドトス『歴史』（下）松平千秋訳、岩波文庫、89頁）

これを聞いたアテナイの使節は、悲嘆にくれ絶望の淵に立たされた。デルポイの第一流の名士の一人が、嘆願者のしるしであるオリーブの枝をもって出直し、嘆願者として再度神託を乞うようにすすめた。その忠告にしたがい、使節は、「巫女にわれら祖国アテナイに関してもっとよいお告げをお授け下さい」といったところ、巫女は改めてつぎのような神託を下した。

　　パラス（アテナ）がいかほど言葉を費やし、賢しき才能を用いて嘆願しようとも、オリュンポスなるゼウス（オリンポス山上に住むとされる、ギリシア神話の12神の一人で、主神）の御心を動かすことはかなわぬぞ。されどわれらここに再び汝のため鋼に比すべき硬く破れぬ言葉を告げてとらせよう。ケクロプスの丘と聖なるキタイロンの谷の間に抱かれる土地ことごとく敵の手に陥るとき、遥かに見はるかし給うゼウスはトリトゲネス（アテナ）がために木の砦をば、唯一不落の塁（城砦）となり、汝と汝らの子らを救うべく賜わるであろうぞ。（ヘロドトス『歴史』（下）松平千秋訳、89-90頁）

　アテナイの使節は、この神託をアテナイに持ち帰った。しかし、この神託が何を意味するのか、その解釈をめぐってさらなる議論が巻き起こった。結局、テミストクレスの意見にしたがい、「木の砦」とは“船”であろうということになり、アテナイの総力をあげて、ペルシア軍との戦いを海戦で乗り切ろう、という決定が下された。こうして、テミストクレス率いる海軍は、サラミスの海戦でペルシア軍を撃破し勝利をあげたのである。

　この海戦で活躍したのが、三段櫂船であった。これは、上中下三段に並んだ漕ぎ手が櫂を使って動かす古代の軍船であった。多くの漕ぎ手が必要なため、武具を自前で買えない多数の下層市民が漕ぎ手となって活躍し、戦争後にかれらも政治に参加し、次第に発言力を増していった。

　ペルシア戦争は、アテナイを中心としたギリシア諸ポリス連合の勝利

に終わったが、つねにペルシア軍の再侵攻に備えて置く必要があった。前477年に、ペルシアに対する相互防衛のために、エーゲ海一帯のギリシア諸ポリスとの間でデロス同盟（軍事同盟）が結成された。アテナイは、この同盟の盟主となり、他の諸ポリスに対して、ペルシアからの保護という名目で年賦金を要求し、アテナイはますます強大となっていった。デロス同盟によるアテナイの国力の増大が、のちにスパルタとのペロポネソス戦争を引き起こす原因になったといわれる[3]。

5　アテナイ民主政の最盛期

ペリクレスの民主政

　ペルシア戦争後、軍船のこぎ手として活躍したのが、土地財産を持たない多数の下層市民であった。かれらは、政治参加の権利（「国家への自由」）を手に入れると、多数を形成しているがゆえに、政治に大きな影響力を持ちはじめた。したがってアテナイの民主政は、アリストテレスがいうように、「多数者の支配」すなわち「多数者である貧者の支配」であったのである。こうした多数の下層市民（無産階級）の絶大な支持を得て、アテナイ民主政の全盛期を築いたのがペリクレス（前495頃–前429）であった。ペリクレスは、古代ギリシアのなかでもっとも優れた政治指導者であったいわれる。

　前5世紀〜前4世紀のアテナイの民主政は、直接民主制の起源ともいわれることが多い。直接民主政といえば、アテナイの全市民がアゴラ（広場）に一堂に集まって議決する風景を思い浮かべてしまうが、その政治の仕組みは、きわめて特異な形態をとっていた。つまり、ペリクレス時代のアテナイ民主政は、特定の個人に権力が集中しないように、抽選制と入替制を取り入れ、任期は1年、再任は原則できない決まりになっていたのである。ただし、将軍職や財務職などを担う要職（指導者）は、国家の安全確保の観点から、選挙制が用いられ、入れ替え義務はなく、再任も認められた。したがって、アテナイ市民全員が直接参加できるのは民会だけであり、ほかは30歳以上の市民男子による抽選で選出され、

可能な限り1年で交代しなければならなかったのである。

　それでは、アテナイ民主政の制度的枠組みについて簡単に説明しておくことにする。

アテナイ民主政の制度的枠組み

　アテナイ市民は、30歳以上の成年男子であれば誰でも、主要な4つの機関——民会、五百人評議会、民衆裁判所、執政官——にさまざまな形でかかわることができた。「民会」は、立法・司法・行政上の最高決定機関で、アテナイ市民であれば誰でも参加することができた。「五百人評議会」は、アテナイ民主政の中心的な統治機関で、30歳以上の市民から抽選で選ばれた500人の評議員から構成され、主に法案の起草、民

	アテナイ市民（3-6万人の成年男子）			
資格	市民全員 （直接選挙）	30歳以上の市民 （抽選）	30歳以上の市民 （抽選）	30歳以上の市民 （抽選）
機関	**民会** （立法・司法・行政の最高決議機関）	**五百人評議会** （行政権） 500人構成員	**民衆裁判所** （司法権） 約6000人構成員 ＊その中から数百人の陪審員を抽選で選出	**執政官** （行政職） 600人の役人 ＊将軍職や財政職などに就く100人の要職は民会の選挙で選出（再任あり）
任期		1年 （2回まで再任可）	1年	1年
役割	・法案の投票 ・要職の選挙	・法案の準備 ・民会の議題準備 ・執政官の監督 ・財政・外交	・判決を下す ・民会の決定の適合性を審査	・決定の実行

図1　アテナイ民主政の主要機関（紀元前5〜4世紀）

(出典：ダーヴィッド・ヴァン・レイブルック『選挙制を疑う』71頁、引用より筆者作成)

会の審議事項の準備、執政官の監督、財政や近隣諸国との外交と幅広い役割を担い、任期は1年で、2回まで再任が許された。「民衆裁判所」は、30歳以上の市民6000人から構成され、その中から数百人の陪審員を抽選で選出した。「陪審員」は、訴訟を審議し判決を下すこと、また民会の決定の適法性を審査することなどである。「執政官」は、600人の役人から構成され、500人は市民の中から抽選で選出されるが、100人の要職は民会の選挙で選出される。

ペロポネソス戦争

　ペルシア戦争後、アテナイはデロス同盟の盟主として、エーゲ海周辺の諸ポリスを支配下におき、国力を強大化していった。これを警戒したスパルタは、ペロポネソス半島の諸ポリスとの間に「ペロポネソス同盟」を結び、その同盟の盟主となった。両者の対立は次第に先鋭化していき、ついに前431年にペロポネソス戦争（前431–404）が勃発した。歴史家トゥキュディデスは、この戦争の原因について、「戦争を不可避にしたのは、アテナイの力の増大（帝国化）であり、これがスパルタに引き起こした恐怖であった」と述べている。[3]

　いずれにせよ、戦争の幕が切って落とされたのである。アテナイの指導者ペリクレスは、ペロポネソス戦争における最初の戦没者葬送演説で、つぎのような言葉をアテナイ市民に語りかけている。

　　われらがいかなる理想を追求して今日への道を歩んできたのか、いかなる政治を理想とし、いかなる人間を理想とすることによって今日のアテナイの大をなすこととなったのか、これを先ず私は明らかにして戦没将士にささげる讃辞の前置きとしたい。……

　　われらの政体は他国の制度を追従するものではない。ひとの理想を追うのではなく、ひとをしてわが範を習わしめるものである。その名は、少数者の独占を排し多数者の公平を守ることを旨として、民主政治と呼ばれる。わが国においては、個人間に紛争が生ずれば、法律の定めによってすべての人に平等な発言が認められる。だが一個人

がオ能の秀でていることが世にわかれば、無差別なる平等の理を排し世人の認めるその人の能力に応じて、公の高い地位を授けられる。またたとえ貧窮に身を起そうとも、ポリスに益をなす力をもつ人ならば、貧しさゆえに道をとざされることはない。われらはあくまでも自由に公につくす道をもち、また日々互いに猜疑(さいぎ)の眼を恐れることなく自由な生活を享受している。(トゥキュディデス『戦史』久保正彰訳、中央公論新社、第二巻〔36・37〕、65−66頁)

　ペリクレスの葬送演説は、アテナイの市民をねぎらい、アテナイを称賛し、アテナイの民主政を賛美する言葉がくり出されている。民主主義は、アテナイの市民にとって自らのアイデンティティであった。かれらは、民会に参加し、公職に就き、さらに裁判の陪審員となり、市民としての責任を果たすことに誇りを感じていた。それゆえ、ペリクレスの名演説は、多くのアテナイ市民の心をつかんだはずである。アテナイの市民にとって、政治参加の権利をもち、国政に関わり、ポリスを守ることこそ自由であり、民主主義はかれらにとって誇りであったのである。

アテナイ民主政から衆愚政治へ

　不運なことに、ペロポネソス開戦翌年の前430年、アテナイで疫病が流行し、ペリクレス自身もその疫病に襲われ、前429年、戦いの結末を見届けないままこの世を去った。トゥキュディデスによれば、ペリクレスの死後に登場したアテナイ政界の指導者たちは、ペリクレスのように卓越した指導力も大局観も無く、主導権を握るために競って民衆に迎合し、そのため国政運営と戦争指導に過ちをくり返す結果におちいったといわれる。

　こうしたデマゴーグと呼ばれる扇動政治家が、アテナイに多数出現するようになると、アテナイの民主主義は衆愚政治と呼ばれ、次第に堕落し衰退していったと語られている。しかし、アテナイの民主主義は、その後200年近くも機能しつづけたのである。デマゴーグの台頭は、宇野重規が指摘しているように、貴族の門閥支配が最終的に否定され、経済

的実力に支えられて平民から台頭した人々が、武力ではなく、言葉の力によって人々を説得し、政治的指導者の地位にまで上昇したことは、たしかにアテナイの民主主義がいよいよ完成の度を増したといえなくもない。

　アテナイの民主主義が試練にさらされながらも、その危機を乗り越えてきたのは、アテナイの人々がこの民主主義という制度に深い愛着をいだき、法の支配を守りながら、その維持に努めてきたからである。そして、民主主義が機能するかどうかは、アテナイの市民のように、民主主義という制度への深い愛着と、それを維持するための普段の努力にかかっていることを忘れてはならい。

　哲学者ソクラテスが死刑を宣告されたのも、まさにデマゴーグによる衆愚裁判においてであった。それゆえ、古代ギリシアの哲学者プラトン（ソクラテスの弟子）やアリストテレス（プラトンの弟子）は、民主主義の政治について懐疑的、あるいは批判的であった。いずれの哲学者も、民主主義を批判し、それぞれの思想の立場から新たな政治体制のあり方を提示したのであった。民主政批判の歴史については、第2章で語ることにする。

注

(1) 引用文献の表記、「民主主義の起源を古代ギリシア」とする議論は、以下の研究者によって問題提起がなされている。ジョン・キーン『デモクラシーの生と死』（森本醇訳、みすず書房、2013 年）。デヴィッド・グレーバー『民主主義の非西洋的起源について』（片岡大右訳、以文社、2020 年）。

(2) 古代ギリシアでは、王政と僭主政は明確に区別されていた。王政が世襲制や法（ルール）に基づく一人の支配であり、僭主政は世襲制にも法（ルール）にも基づかず、武力による独裁支配である。とりわけ、古代ギリシアのアテナイでは、僭主の出現を最も恐れ、僭主政を他の政治体制の中で最も悪い政体と考えていた。

(3) アテナイの歴史家トゥキュディデスは、この戦争の原因について、

「戦争を不可避にしたのは、アテナイの力の増大（帝国化）であり、これにスパルタが恐怖を抱いたからだ」と述べている。ペリクレスは、「帝国の地位を獲得した以上、それを手放すのは確実に危険をもたらすことになる。したがって戦争しかないのだ」といっている。アメリカの政治学者グレアム・アリソンは、トゥキュディデスにちなんで、従来の覇権国家と、台頭する新興国家が、戦争が不可避な状態まで衝突する現象を「トゥキュディデスの罠」という造語を作った。

〔**参考文献**〕

・伊藤貞夫『古代ギリシアの歴史』講談社学術文庫、2004 年。

・宇野重規『民主主義とは何か』講談社現代新書、2020 年。

・桜井万里子『ヘロドトスとトゥキュディデス』山川出版社、2006 年。

・佐々木毅『民主主義という不思議な仕組み』ちくまプリマー新書、2007 年。

・澤田典子『アテネ民主政』講談社選書、2010 年。

・トゥキュディデス『戦史』久保正彰訳、中公クラッシクス、2013 年。

・橋場弦『民主主義の源流』講談社学術文庫、2016 年。

・初谷良彦・宮原辰夫・向山恭一・石上泰州『概説デモクラシーと国家』成文堂、1996 年。

・ヘロドトス『歴史』松平千秋訳、岩波文庫、1972 年。

・レイブルック、ダーヴィッド・ヴァン『選挙制を疑う』岡崎晴輝・ディミトリ・ヴァンオーヴェルベーク訳、法政大学出版局、2019 年。

第2章

民主主義批判の歴史

1　民主主義批判

　ペリクレスの死後、陶片追放の制度はデマゴーグと呼ばれる扇動政治家たちに悪用され、アテナイの民主主義は「衆愚政治」の時代を迎えるようになった。ソクラテスが死刑を宣告されたのもこの頃である。ソクラテスの弟子プラトンは、師ソクラテスの刑死に衝撃を受け、民主主義に対して懐疑的になった。プラトンは、政治家は"何が道徳的に正しいのか"、"良き生活"、"良き徳とは何か"を知る能力をもつべきであり、

それをよく知る哲学者こそ統治の任にあたるべきだと主張し、有名な「哲人王（哲人政治）」の構想を説いたのである。

　プラトンの弟子アリストテレスもまた、民主主義に懐疑的から批判的であった。アリストテレスは、民主政治を多数者である「貧者の支配」と考え、それはしばしば権力の濫用に陥りやすく、最も社会不安をかきたてる政治体制であると主張した。それ以後、民主主義は悪いイメージがつきまとうようになった。

　アリストテレス以後の政治思想は、権力を1つの階級（君主、貴族、民衆のいずれか）あるいは政体（君主政、貴族政、民衆政のいずれか）に集中させるのではなく、それぞれの階級あるいは政体に分散させ、それらを抑制均衡（チェック・アンド・バランス）によって体制の安定をはかろうとする「混合政体論」へと発展していくことになる。

　民主主義が再び歴史の舞台に登場するのは、フランス革命においてであるが、こうした民主主義批判のスタイル（民主政治＝衆愚政治）は依然として支配的であった。イギリスの政治思想家バークは、フランスの民主主義的革命を、多数者の民衆による少数者の貴族階級に対する最も残酷な抑圧であるとして告発した。アメリカ独立革命後のアメリカにおいても、「建国者の父」と呼ばれる人たちから、民主主義を警戒する声がやむことはなかった。バークの民主主義批判は、19世紀になってから「多数者の専制」という形で再定式化されるようになった。

　それでは、なぜ民主主義は批判されることになるのであろうか。その背景を知るために、プラトンやアリストテレスの時代からアメリカ独立革命やフランス革命といった市民革命期までを通して、民主主義批判の歴史をたどることにする。また民主主義批判のなかで主張される、民主主義に代わる理想的な政体とはどういうものかについても考察することにする。

ソクラテスの刑死

　アテナイの哲学者ソクラテス（前469頃–前399）は、「青年たちを堕落させ、かつ、国家の認める神々を認めず、他の新奇な神霊を認めている」

という理由で告訴され、公開裁判の末、死刑を宣告された。ソクラテスはなぜ告訴されなければならなかったのか。ソクラテスによれば、アテナイで賢者の世評のある人々を訪ね対話して歩いた。ところが、対話してみると、賢者と称する相手が賢者とみえなかったので、自ら賢者と信じているけれども、その実そうではないことを相手に説明しようと努めた。その結果、賢者と称する者と同席者の多数から憎悪を受けることになったということである。

　当時は、驕り高ぶる政治家や自らを賢者と称する人びとがたくさんいたのであろう。おれは何でも知っていると過信するがゆえに、政治家は失政を繰り返し、ペロポネソス戦争に敗北し、アテナイは混乱が続いたのである。こうした状況から、アテナイをあるべき状態に戻すためには、かれらに「不知の自覚」を悟らせる必要があり、それが神から与えられた自分の使命だとソクラテスは信じて疑わなかったのである。『ソクラテスの弁明』のなかで、ソクラテスはつぎのように語っている。

　　されば、アテナイ人諸君、私はここで私自身のために——世人あるいは想像すべきが如く——弁明するようなことは思いも寄らない、むしろ私の弁明はただ諸君のため、諸君が私を処刑する結果、神から諸君に授けられた賜物(ソクラテス)に対して罪を犯すようなことがないためである。…その人間というのは、少し滑稽に響くかも知れぬが、まさしく神から市(アテナイ)にくっつけられた者である、そうしてその市は、例えば巨大にして気品ある軍馬で、しかも巨大なるが故に少し運動が鈍く、これを覚醒するには何か刺す者を必要とするものなのである。で、思うに神が私を本市(アテナイ)にくっつけたのはこの為であろう、またそれだからこそ私は、終日、至る所で、諸君に付き纏って諸君を覚醒させ、説得し、避難することを決してやめなかったのである。(プラトン『ソクラテスの弁明・クリトン』久保勉訳、岩波文庫、46頁)

　ソクラテスは対話を通して、人びとに「不知の自覚」を悟らせようという努力は、歓迎されるどことかむしろ憎悪を招く結果となり、最後に

は公開裁判で死刑を宣告されることになってしまった。富裕な友人クリトンは、死刑囚ソクラテスの監房を訪れ、どんな手を使っても逃亡するよう懇願した。しかし、ソクラテスは、「もし私が逃亡すれば、アテネの若者を堕落させたという陪審員の評決が正しかったことになる」として、頑として逃亡する道を選ぼうとしなかった。ソクラテスは、クリトンの懇願に対して自問自答する形で、つぎのように述べている。

　それに、お前(ソクラテス自身)が望みさえしたなら、あの裁判の途中には、まだ追放の刑を提議することも出来たし、また今お前が国家の意志に逆らってしようとしていることも、あの時ならばその同意を得て実行することが出来たのだ。しかるにあの時お前は、死ななければならぬことになってももがきはしないと高言を吐き、むしろ追放よりも死を選ぶといったのだった。ところが今はこれに反して、前言にも恥じず、われわれ国法を無視してこれを滅ぼそうとしている。自ら市民として遵守するとわれわれに誓った契約や合意に背いて逃亡しようとしているお前は、最も無恥な奴隷でもしそうな振舞いをするのだ。だから何よりもまずこの問に答えてみよ。(プラトン『クリトン』久保勉訳、岩波書店、84頁)

　ソクラテスが友人クリトンに懇願されても、アテナイから逃亡しなかったのは、法による支配はどんな欠陥があっても、どんな国制下であっても、尊重されなければならないという理由からであった。また法に背くことは、「正義」という理念そのものを冒涜することになると、ソクラテスは考えていた。都市国家ポリスは、多数の自由な市民が法の秩序（ノモス）への服従を通して、われわれアテナイの市民は国家と契約を結び国法に合意してきたわけであるから、国法に異議を唱え背く権利はないとして、逃亡する道を選ばず、法の裁きを遵守するという姿勢を崩さなかった。そして、毒ニンジンの杯をあおいで死んだのであった。
　ペロポネソス戦争後、アテナイの民主政は腐敗し、衆愚政治におちいっていった。民衆が多数の支配者となり、民衆を扇動する政治家（デ

マゴーグ）が続出し、法の権威が無視され、富者から財を奪うなど、アテナイの社会状況は最悪なものとなっていた。ソクラテスは、こうした状況を哲学者として、またアテナイの市民として見過すことはできなかったのである。しかし、ソクラテスの刑死は、弟子プラトンにアテナイの民主政への懐疑・批判へと向かわせることになるのである。

プラトン

　プラトン（前427–前347）は、当時の民主主義に失望し、“何が道徳的に正しいのか”、“良き生活、良き徳とは何か”、それをよく知る哲学者こそ統治の任にあたるべきだとし、有名な「哲人王」による政治こそ理想の統治形態であると説くのである。プラトンは、国の政体をどのような性質のものとしてとらえ分類していたのであろうか。

　プラトンは、著作『国家』において、国の政体を「国制」と呼び、5つに分類してその特徴を説明している。「一人の支配者」の政体には、「王政」と「僭主政」がある。「王政」とは、世襲と法（ルール）にのっとり支配する場合をいう。「僭主政」とは、世襲でもなく法によってでもなく、実力で王の地位につき政治を行う場合をいう。

　また「少数者による支配」の政体には、「貴族政」と「寡頭政」がある。「貴族政」は法に準じている。一方、「寡頭制」とは、財産にもとづく政体であり、少数の金持ち（有産階級）が支配し、貧乏人は支配に参加できない政体である。最後に、「多数者による支配」の政体には「民主政」があり、これは「多数者が物事を決めていく制度」がルールとなっている。

支配者数による分類	国の政体（国制）の性質	
「一人による支配」	**王政**＝世襲と法に準じる支配	**僭主政**＝実力に基づく支配
「少数者による支配」	**貴族政**＝法に準じる支配	**寡頭政**＝財産に基づく支配
「多数者による支配」	**民主政**＝多数者の決めごとに準じる支配	

図2　プラトンの国の政体の5つの分類と性質

それでは、なぜプラトンは民主政を疑い批判するのであろうか。プラトンは、「民主政」とは「貧者にも平等な権利（参政権）と言論の自由が許されるおおらかな国制である」と述べている。しかし、民主政国家が善とする〈自由〉へのあくことなき欲求こそが、民主政を崩壊させることになったと指摘している。プラトンは、自由が支配し、何でも話せる言論の自由が行きわたり、何でも思いどおりのことを行うことが放任された結果、民主政がたどりつく結末をつぎのように述べている。

　…つまり、国民の魂はすっかり柔らかく敏感になり、ほんのちょっとでも抑圧が課せられると、もう腹を立てて我慢できないようになるのだ。というのは、彼らは君も知るとおり、最後には法律さえも、書かれた法であれ書かれざる法であれ、かえりみないようになるからだ、絶対にどのような主人をも、自分の上にいただくまいとしてね。（プラトン『国家』（下）藤沢令夫訳、岩波文庫、221頁）

　こうした過度の自由（自由放任）が民主政を無政府状態にし、その反動として僭主（独裁）政が生まれ、民主政を隷属化させることになるというのである。プラトンは、この僭主政を野蛮で最悪な政体と考え、政治権力と哲学とが一致する支配、いわゆる「哲人王論」を説くことになる。
　プラトンの理想国家は、大きく分類すれば、「支配者階級」、「戦士階級」、「生産者階級（労働者）」の3つの部分から成立する。3つの階級は、図3のように、それぞれに「支配者階級」なら「知恵」、「戦士階級」なら「勇気」、「生産者階級（労働者）」なら「節制」という徳を守り、全体として見事な調和を保っている状態にある。そして、人間が正しくあるのは、「理性」（＝哲人王）が命令し、「意志」（＝戦士階級）がその命令を死守し、「欲望」（＝生産者階級）がこれに服従するときであると述べている。プラトンは、「哲人政治」について、つぎのように述べている。

　哲学者たちが国々において王となって統治するのでないかぎり、あるいは、現在王と呼ばれ、権力者と呼ばれている人たちが、真実にか

つじゅうぶんに哲学するのでないかぎり……すなわち、政治的権力と哲学的精神とが一体化されて、多くの人々の素質が、現在にようにこの二つのどちらかの方向へ別々に進むのを強制的に禁止されるのでないかぎり、親愛なるグラウコンよ、国々にとって不幸のやむときはないし、また人類にとっても同様だとぼくは思う。(プラトン『国家』(上)藤沢令夫訳、岩波文庫、405頁)

社会階層	国家の三階層	階層に応じた魂のあり方
最上層	「支配者階級」(哲人王)	「理性」
中間層	「戦士階級」(哲人王を補佐する防衛者)	「意志(気概)」
最下層	「生産者階級」(労働者大衆)	「欲望」

図3 プラトンの「哲人政治」にみる国家の三階層

　プラトンは、なぜ哲学者が王となって国を統治すべきだと考えたのであろうか。プラトンによれば、かれらは生まれつき哲学にたずさわるとともに国の指導者となるのに適しており、他の人々は哲学にたずさわることもなく指導者に従うのに適しているという。哲学者もまた、知恵を欲求する人であり、真の哲学者は真実(「善のイデア」)を観ることを愛する人たちであると論じている。ペルシア戦争後のアテナイは、勝者であるスパルタの息のかかった政治家たちが、いくら寡頭制をやっても民主政をやっても、決してよい政治状況は生まれないとして、「哲人政治」に一縷の希望を託したのである。

アリストテレス

　プラトンの弟子アリストテレス(前384–前322)もまた、民主政を「多数者による貧者の支配」として批判している。プラトンもアリストテレスも、国家は基本的に“道徳的なもの”、つまり“正しく(善く)生きるため”に存在していると考えていた。民主政は、都市国家ポリスにただ混乱を招くだけで、“正しく生きる”という目的を達成できないと考えていた。プラトンはその目的を達成するためには、「哲人王」の統治に

より社会的生活を厳しく統制・管理する必要があると説いたのである。

しかし、アリストテレスは、プラトンのように理想的で「完全な」政治体制を見いだすことではなく、"都市国家ポリスに最も適した制度とはどういうものか"、"正しい国家のあり方とはどういうものか"を現実的な観点から検討すべきだと主張したのである。

アリストテレスは、政治体制を「支配者の数」(一人、少数、多数)と、「共通（全体）の利益」に基づくものかどうかを基準にして、図4のように、6つに分類している。「一人の支配」には、良い政体として「王政」、悪い政体として「僭主政」が、「少数者による支配」のうち良い政体なのが「貴族政」、悪い政体が「寡頭政」、「多数者の支配」のうち良い政体が「国制（ポリティア）」、悪い政体が「民主政」であると結論づけている。

悪い政体のなかでも最悪なのが「僭主政」で、つぎに悪いのが「寡頭政」で、「民主政」は悪い政体のなかで「最も悪くないもの」と位置づけている。結論からいうと、アリストテレスが現実に可能で最適な政体と考える「国制（ポリティア）」は、穏健な「民主政」と「穏健な寡頭政」の混合体なのである。

	良い政体 共通(公共)の利益を目標にする	悪い政体 私的利益を目標にする
「一人の支配」	王政	僭主政 （＝独裁者の利益を目標にする）
「少数者の支配」	貴族政	寡頭政 （＝富裕者の利益を目標にする）
「多数者の支配」	「国制（ポリティア）」	民主政 （＝貧困者の利益を目標とする）

図4　アリストテレスの政治体制の6つの分類

一般的に考えると、なぜ悪い政体である「民主政」と「寡頭政」の混合が最適で良い政体なのかがわからない。アリストレテスによれば、「民主政」とは「多数者による貧者の支配する政体」、つまり自由人の生まれで財産のない者が多数者となって支配する政体を意味していた。これに対して、「寡頭政」は、「富裕の生まれで自分たち（少数者）の利益の

ために行う政体」を意味していた。アリストテレスは、貧者であっても
アテナイ市民であるかぎり、都市国家ポリスの政治に参加（「国家への自
由」）すべきであるし、富者や貧者が自分の利益を追求する自由は社会を
より安定させると考えていたのである。

　アリストテレスの説く「国制（ポリティア）」は、適度な私有財産をも
ち、国家の統治に直接政治に参加できる多数の中流市民（中間市民）を基
礎に成立する社会であり、そこには本質的に不均衡が存在しないために、
富裕層（穏健な寡頭政）と貧困層（穏健な民主政）の間で安定した多数派（中流
市民）が形成されると考えたのである。

　プラトンやアリストテレスの民主主義への懐疑・批判にみられるよう
に、民主主義はさまざまな欠点を抱えていることは事実である。その結
果、アテナイの民主政は、ペレクレスのような優れた指導者を失って以
後、衆愚政治に陥り、扇動政治家によってポリスは分裂し衰退していっ
たという説明がよくなされる。しかし、アテナイの民主政はその後200
年近くも機能しつづけたのである。

　アテナイでは女性、外国人、奴隷には政治参加の権利（市民権）が与え
られていなかったという排他性の問題は忘れてはならないが、しかし利
害や意見を異にする自由で平等な市民が、国政に参加し互いに議論して
決定を下すプロセスが重視される、そういう「参加と責任」のシステム
こそが、長い歴史の中で多くの批判にさらされながも、民主主義が生き
残ってきた理由なのかもしれない。

2　混合政体論と権力分立論

　権力の分立や均衡の思想は、古代ギリシアのアリストテレスやポリビ
オスの時代からみられるもので、それは「混合政体論」といわれるもの
である。つまり、理想的な政治形態は、王政（君主）・貴族政（貴族）・民主
政（民衆）の3つの政体（社会階層）が2つあるいは3つ混合することに
よって、相互の均衡と安定が保たれる政体であるという考え方である。

アリストテレス

アリストテレスは、「国制（ポリティア）」を穏健な「民主政」と穏健な「寡頭政」の混合した最適な政体であると考えていた。さらにアリストテレスは、『政治学』のなかで、国家権力を実現する3種の機能の分立を論じている。アリストテレスによれば、あらゆる政体には、構成の基礎として3つの要素がある。1つは都市国家（ポリス）の一般公共事務に関する議事機能（要素）、2つ目は行政機能（要素）、3つ目は裁判（司法）機能（要素）があるとした。そこにわれわれは、初歩的な権力分立論の形成をみることができる。

アリストテレス以後の政治思想は、権力を1つの政体（王政、貴族政、民主政のいずれか）あるいは階級（君主、貴族、民衆のいずれか）に集中させるのではなく、それぞれの政体あるいは階級に権力を分散させ、それらを抑制・均衡（チェック・アンド・バランス）によって体制の安定を図ろうと考える「混合政体論」へと発展していくことになる。

ポリュビオス

古代ギリシアの歴史家ポリュビオス（前200頃–前120）は、古代共和政ローマの海外膨張を支えた国政に関心をいだき、「どのようにして、そしていかなる国政のもとで、ローマは全世界を自らの支配下におさめることに成功したのか」という観点から、『歴史』を執筆した。自らの政治体験と歴史分析を通して得た知見から、ポリュビオスは、人間社会が栄枯盛衰の道を辿るように、政体もまた、君主政（王政）→僭主政→貴族政→寡頭政→民主政→衆愚政へと変遷し、再び君主政（王政）へと戻るという過程をたどると考えた。こうした政体の変化の法則が「政体循環論」である。

ポリュビオスは、このような政体の変化・循環は政治社会を不安定な状態にするとし、ローマが発展しているのは、ローマ国政が君主政（王政）、貴族政、民主政のそれぞれの要素が合わさった混合政体となっているからであるという結論を導き出した。ローマ共和政の執政官・元老院・民会に君主政・貴族政・民主政の要素を見いだしており、混合政体

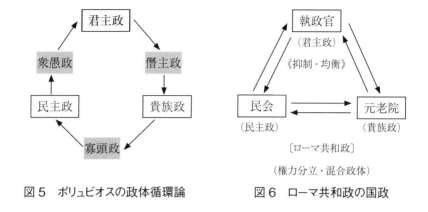

図5　ポリュビオスの政体循環論　　　図6　ローマ共和政の国政

を最も安定し永続しやすい最善の政体であると考えたのである。

共和政とは

　ローマ共和政は、王政を廃して開始しされた統治形態から、王政の反対物といわれる。"共和政（republic）"とは、ラテン語のレス・ププリカ res-publica（公的なことがら）が英語化されたもので、レス・プリワタ res-pri-vata（私的なことがら）の対義語であった。したがって、共和政はもともと王政や貴族政といった特定の統治形態を意味するものではなく、「政府は"公共の利益のため"に設立され、運営されなければならない」という統治の理念をさし示すものであったが、その意が転じて〈国家〉や共和政体を意味するようになった。ただし、ローマ史上では王政と帝政の間の時代の統治形態をさしていた。近代に入ると、共和政は特定の統治形態も含意するようになったのである。

　なぜ民主政が否定的な意味合いで用いられ、共和政が肯定的な意味として受け入れられたのであろうか。民主政には「多数者の利益の支配」という意味合いが強く、これに対して共和政は「公共の利益の支配」という意味を最初から含意していたからである。「多数者の利益」はいかにその数が多くとも、社会全体から見れば部分的な利益に過ぎない。これに対して、「公共の利益」は社会全体の利益にかなうものであった。

こうした観点からも、民主主義（民主政）は「多数者の横暴（専制）」や「貧しい多くの人々の欲望追求」といった含意がつきまとい、共和政は「公共の利益の支配」として肯定的に受け入れられ、正当な政治体制のモデルとして支持されるようになったのである。

ロックとモンテスキュー

　近代において、権力分立の考え方が説かれるようになるのは、君主のもつ絶対的権力（王権）に対抗する権力の必要性が語られるようになったからであった。イギリスでは、ピューリタン革命（1642-49）後、議会派が最終的に国王権力を封じ込めた名誉革命（1688-89）が起こった。イギリスの政治思想家ロック（John Locke 1632-1704）は、国王権力を封じ込めるために、国家権力を立法権と、外交権や司法権を含む執行権とに二分し、議会優位の立場から、立法権を議会に、執行権を国王（および内閣）に帰属させる均衡論的二権分立論を唱えたのである。二権分立ではあるが、これにより王権よりも議会の立法権が優位に置かれた歴史的な意義は大きい。

　フランスの思想家モンテスキュー（Montesquieu 1689-1755）にとって、ルイ14世・15世の絶対王政絶頂期のフランスにおいて、恣意的な絶対権力（王権）に対して、"いかにして個人の安全と政治的自由を平和的に守るか"ということが彼の政治思想の中心的課題であった。モンテスキューは、『法の精神』（1748）において、「すべて権力をもつ者はそれを濫用しがちである。彼は極限までその権力を用いる。権力の濫用をなしえぬようにするためには、権力が権力を抑制するよう事物を按配することが必要である」と述べている。

　モンテスキューは、イギリスの政治制度（二院制議会）を高く評価して、三権分立論を主張し、王権の制限を説いてのであった。かれの説く三権分立論は、政治的自由が為政者の権力濫用によって侵害されないようにするためには、権力を一箇所に集中させることなく三権に分け、互いにチェックする機構が必要であるとする考え方であった。つまり、国家の権力を、①立法権、②執行（行政）権、③裁判（司法）権の三権に機能的

図7　ロックの二権分立　　　　図8　モンテスキューの三権分立

に分化させ、この3つの権力がそれぞれ異なる人物または機関によって掌握されなければ、市民の自由は保障されないと考えていたのである。

　モンテスキューの三権分立論が広く受け入れられたのは、特定の国政を理想としたものではなく、国家の権力を抽象的・観念的に論じたものであったからである。つまり、かれの三権分立論は普遍的な性格を有していたのである。こうしたモンテスキューの三権分立・抑制均衡論は、建国当初のアメリカ合衆国憲法制定の過程において、フェデラリスト（連邦制論者）やその対立者たちによって正統性の理論的根拠としてしばしば引用されることになった。

3　フランス革命とアメリカ独立革命

エドマンド・バーク——フランス革命批判

　1789年、フランスで革命が勃発すると、世界中がこの民主主義革命に称賛と激励で沸きかえった。イギリスでも、フランス革命を称賛し、イギリスの名誉革命（1688–89）は人民主権の確立という点において不徹底だったとし、フランス革命に倣おうとする急進的な政治勢力が台頭しつつあった。イギリスの政治思想家・政治家エドマンド・バーク（Edmund Burke 1729–97）は、フランス革命がイギリスに影響を及ぼしはじめると、その数ヶ月後に『フランス革命の省察』(1790) を出版した。その著作には、フランス革命を「狂気の革命」と断じ、革命派を痛烈に批判する記述であふれていた。

彼らは自らの好首尾に、自分たちへの処罰を見出した。法律は転覆されて裁判所は廃止され、商業は活力を喪失して通商は途絶し、国の税金が支払われないので国民は窮乏に喘ぎ続け、教会は掠奪されたが国家はそれで少しも潤わず、民事軍事の両面の無秩序がこの王国の憲法となり、すべての聖俗の財産は国家の信用なる偶像への犠牲に供されて、その結果、国家の破産が現実なものとなり、挙句の果てには、今や、……新しいよろよろであやふやな権力の発行した紙切れの証券が、帝国の支柱たるべき通貨として提示される。……これらの空恐ろしいまでの出来事（革命）は、すべて必要だったのか？　……止むなく流血と争乱を掻き分けて進む覚悟を決めた愛国者の、絶望的努力の不可避的な結果あったのか？　否、滅相もない。……我々の胆を潰すに足る生々しい惨害は、内乱が生み出した荒廃などではなく、深い平和の時期の軽薄で無知蒙昧な建言が作り出した、悲しい教訓的な記念碑に他ならない。（エドマンド・バーク『フランス革命についての省察』（上）中野好之訳、岩波文庫、74–76頁）

バークにとって、フランス革命は歴史や伝統を無視した「多数者の専制（独裁）」による暴政にしか映らなかった。その一方で、イギリスの政治が安定しているのは、歴史的に世襲的な君主制や貴族制が維持され、イギリス憲法が国王、貴族、平民三者の権力均衡によって自由が保障されているためであると考えていた。したがって、バークにとってフランス革命は、民主主義をめざす革命そのものであり、それゆえに民主主義に対してきわめて批判的であったのである。それは以下の文章にもよく表れている。

私の記憶が正確であれば、アリストテレスは民主主義が圧制との数多くの顕著な類似点を有すると述べている。この点につき私は、この種の国家内で間違いなく見られるような強力な分裂が発生する場合には、民主主義のもとでは市民の多数派が少数派に対し、必ずや最も

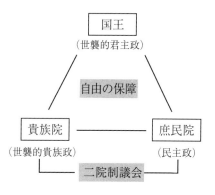

図9　バークのイギリス憲法下の国政

残忍な圧制を揮う恐れがあり、そしてこの少数派への抑圧は、やがて一層多くの人数にまで拡大されて、およそ単独の王杖の支配下で考えうるよりも格段に激烈な憤怒の念で行使されるであろう、と確信する。(エドマンド・バーク『フランス革命についての省察』(上)、中野好之訳、岩波文庫、227頁)

　バークは、民主主義のもとで起こる多数派による少数派への圧制が、いかに残忍性をおびることになるか、それをフランス革命のなかにみいだしたのである。古代ギリシアの民主政の特徴的な性格である「抽選や輪番制」についても、「すべての地位は万人に開かれるべきだが、決して無差別ではない。順番制度やくじ引きはよろしくない」と批判した。また「卑しい出自(血統・家系)の者が崇高な権力へとたどり着く道は、やすやすと通れるようなものではあってはならない」とし、多数者(民衆)の支配である民主政ではなく、少数の支配である世襲的貴族政を称賛したのである。つまりバークは、革命に反対し、民主主義に反対し、そして抽選制・輪番制に反対したのであった。そしてフランス革命の影響から、国王・貴族・平民三者の権力均衡によって自由が保障されているイギリス憲法を何としても守ろうとしたのである。

アメリカ建国の父たち──アメリカ独立革命

　1775年、アメリカ大陸のイギリス領諸植民地人たちは、イギリスからの独立を目ざしてアメリカ革命を起こした。これがアメリカ独立戦争のはじまりである。イギリス生まれの評論家・著述家トマス・ペイン（Thomas Paine 1737–1809）は、ただちにアメリカの独立を推進するパンフレット『コモン・センス』(1776) を発行した。ペインの『コモン・センス』は、独立支持派の人々に広く読まれ、のちにアメリカの独立運動および『独立宣言』に大きな影響を与えたといわれる。

　この『コモン・センス』において、ペインは、イギリス人の自由は権力（国王・上院・下院）の抑制・均衡によって保証されているというイギリス憲法を検討し、その上でそれを厳しく批判する。ペインによれば、イギリス憲法は古代における2つの暴政の汚い遺物と新しい共和政的要素とが混合しているとして、つぎのように述べている。

　　第1──国王という君主専制政治の遺物、第2──上院という貴族専制政治の遺物、第3──下院という新しい共和政治の要素、そしてこの性能いかんにイギリスの自由がかかっているのだ。最初の二つは世襲であるから、人民とは無関係である。したがって、憲法的な意味においては国の自由になんの貢献もしていない。イギリス憲法が、相互に抑制し合う三つの権力の融合であるということはばかげている。この言葉はいずれも無意味であり、また全く矛盾している。(トーマス・ペイン『コモン・センス』小松春雄訳、岩波文庫、22–23頁)

　ペインによれば、イギリス人の自由は下院（庶民院）の機能いかんにかかっているが、王権の強大化によって下院の機能が阻害されているという。そしてかれは、自然権の思想や聖書の権威に基づいて、王政および世襲制を否定し、共和政こそが自由と平等とを最もよく保証する政治体制であると主張したのである。

　共和政は、一般に君主ないし世襲支配者が存在しない政治共同体を意味するが、18世紀までの西欧の君主政社会では、イギリスのように、共

40

和政は君主の存在と両立するとの理解もまれではなかった。つまり、共和政概念は極めて曖昧で多義的な性格を有していた。ペインのいう共和政は、君主ないし世襲支配者が存在しない政治共同体を意味していたのである。またペインは、アメリカの政治機構のあり方について、これはもっといい意見を引き出すためのたたき台であると前置きをしながら、明らかに古代ギリシアの直接民主政を想起させるような記述がある。

> 州議会は1年ごとに改選し、議長は一人だけにする。議員は一層平等な選挙権で選ばれて、もっぱら州内問題の処理に当たるが、大陸議会の統制に服するものとする。……そして大陸議会開会ごとに、次のような方法で議長を選出する。代議士が集まると、13の全植民地から抽選で一植民地を選び、ついでその植民地の代議士の中から議会が（投票によって）議長を選出する。また次の議会においては前の議会で議長を出した植民地を除いて、12の植民地からだけから抽選で一植民地を選ぶ。そしこのような手続きを繰り返して、13の植民地全部がそれぞれ自分の輪番を果たすことにする。……こんなに平等につくられた政府の下で不和をあおり立てる者は、悪魔と組んで反乱を起こす者にちがいない。（トーマス・ペイン『コモン・センス』小松春雄訳、岩波文庫、62-63頁）

アテナイの民主政が、特定の個人に権力が集まらないように、抽選制と入替制（輪番制）を取り入れたように、ペインが提案した政治形態もまた、アテナイの民主政の特徴と極めて類似した内容となっている。それゆえ、のちに合衆国第2代大統領を務めたジョン・アダムズ（John Adams 在任1797-1801）は、ペインの『コモン・センス』のなかに、この直接民主制と一院制を示唆する記述を見いだすと、そうした政治形態を危険なものとみなすようになった。アダムズは、こうした考え方に対して、「民主政が長く続くことなどあり得ないことを想起せよ。すぐに道を踏み外し、消耗し、自滅する。自滅と無縁な民主政が存在したためしなどない」と述べて警鐘を鳴らしたのである。

フランス革命（1789–99）を批判したバークの『フランス革命の省察』（1790）が刊行されると、ペインはすぐに『人間の権利』（1790）を書いて反論した。ペインは、フランス革命を擁護し、名誉革命、ひいてはイギリス国制それ自体をも批判することで、世襲君主制や世襲貴族制による統治がいかに不当なものであるかを告発し、国民主権・代議制・普通選挙制に基づく統治の正統性を説き、共和政擁護の論陣を張ったのである。

　フランス革命の実態がアメリカに伝わるようになると、アメリカの独立革命の指導者たちは、次第に民主主義に対して警戒心を表明しはじめた。アメリカ合衆国憲法の制定に尽力し、のちに「憲法の父」と呼ばれた第4代大統領マディソン（James Madison 任期1809–1817）は、憲法草案に関する一連の弁護論『ザ・フェデラリスト』（1788）をマディソン、A・ハミルトン、J・ジェイの3名で出版している。この弁護論のなかで、マディソンは直接民主政（pure democracy）と共和政（republic）を対比して、つぎのように論じている。

　　全市民がみずから集会し、みずから統治する社会を意味する直接民主政は、派閥のもたらす弊害に対してこれを匡正することはできないのである。というのは、〔直接民主政では〕ある共通の感情あるいは利益が、ほとんどあらゆる場合に全員の過半数のものの共鳴するところとなろうからである。……したがってまた、弱小の党派や気に入らない個人は、これを切り捨ててしまうという誘惑を抑えるようなものは何もないからである。それゆえに、直接民主政諸国家は、これまでつねに混乱と激論との光景を繰りひろげてきたのであり、個人の安全や財産権とは両立しがたいものとなり、また一般的にその生命は短く、しかもその死滅に際しては暴力を伴うものとなってきたのである。この種の〔直接〕民主政治形体を支持する理論好きな政治家は、人間をその政治的諸権利において完全に平等なものとすれば、ただちにその財産・思想・感情においても完全に平等なものとなり、かつ相互に同一化されるであろうと考える誤りを犯してきたわけである。……〔直接〕民主政国家と共和政国家との間の二大相違点は、第

一に、共和政国家においては一般市民によって選出された少数の市民の手に政治が委ねられることであり、第二に、共和政国家がより多数の市民と、より広大な領域とを包含しうることである。この第一の相違点の結果として、〔共和政においては〕一方では世論が、選ばれた一団の市民たちの手を経ることによって洗練され、かつその視野が広げられるのである。その一団の市民たちは、その賢明さのゆえに、自国の真の利益を最もよく認識し、また、その愛国心と正義心とのゆえに、一時的なあるいは偏狭な思惑によって自国の真の利益を犠牲にするようなことが、きわめて少ないとみられる。このような制度の下では、人民の代表によって表明された公衆の声のほうが、民意表明を目的として集合した人民自身によって表明される場合よりも、よりいっそう公共の善に合致することになろう（『ザ・フェデラリスト』斎藤眞・中野勝郎訳、岩波書店、60頁。）

　アメリカの独立革命の当初において、革命家たちは人民が主権者であり、「われわれ人民」がすべての出発点であると声高に叫びつづけた。ところが、建国の父たちが権力の座に就きはじめると、民主主義的な政治形態ではなく、エリート主義的（貴族主義的）な政治形態（共和政）を採用するようになった。その結果、アメリカ合衆国は「民主共和政」ではなく「共和政」と命名されたのである。たしかに革命当時から、「共和政」は革命家たちの間では共通認識となっていた。ただ、その「共和政」がどういう方向に向かっていくのか、民主主義的な共和政なのか、それともエリート主義的（貴族主義的）な共和政なのか、その方向性をめぐって激しい政治闘争の結果、エリート主義的（貴族主義的）な共和政が選ばれたといえる。
　モンテスキューは、「共和政」について、「共和政において、国民全体が主権的権力を握っているとき、民主政と呼ばれる。一方、主権的権力が国民の一部の手に握られているとき、貴族政と呼ばれる」[1] と述べて、共和政の方向性を明確に区別している。アメリカにおいても、「共和政」は明らかに直接民主政と区別されたものであった。では、アメリカの独

立は共和主義的な政治形態が採用され、まったく民主主義的な要素は無くなったのであろうか。

トクヴィル——アメリカのデモクラシー

　アメリカ社会の基層的なレベルで、これまでとは異なる民主主義の「萌芽」を発見したのは、フランスの政治思想家・政治家トクヴィル（Tocqueville, 1805-59）であった。トクヴィルが到着した1831年には、「建国の父」たちはすでに退場し、ジャクソニアン・デモクラシーと呼ばれる時代のアメリカであった。「建国の父」たちの多くが東部の上層階級の出身であったのに対し、時の第7代大統領アンドリュー・ジャクソン（Andrew Jackson, 1767-1845）はアイルランド移民の貧しい家庭に生まれ、米英戦争で活躍し、中西部において自らの力で台頭し、コモン・マンの一人として大統領になった人物であった。[2]

　トクヴィルは、ジャクソン大統領時代のアメリカ合衆国の諸地方を1年ほど（1831-32）旅して実地取材を行った。フランスに帰国後、『アメリカのデモクラシー』を執筆した。その著作の序文に、かれがアメリカで発見した「デモクラシー」について、つぎのように記述している。

　　合衆国の滞在中、注意を惹かれた新奇な事物の中でも、境遇の平等ほ
　　ど私の目を驚かせたものはなかった。この基本的事実が社会の動き
　　に与える深甚な影響はたやすく分かった。それは公共精神に一定の
　　方向を与え、法律にある傾向を付与する。為政者に新たな準則を課し、
　　被治者に特有の習性をもたらす。やがて私は、この同じ事実が、政治
　　の習俗や法律を超えてはるかに広範な影響を及ぼし、政府に働きか
　　けるばかりか市民社会をも動かす力をもつことに気づいた。それは
　　世論を創り、感情を生み、慣習を導き、それと無関係に生まれたもの
　　にもすべて修正を加える。こうして、アメリカの社会の研究を進める
　　につれて、境遇の平等こそ根源的事実であって、個々の事実はすべて
　　そこから生じてくるように見え、私の観察はすべてこの中心点に帰
　　着することに繰り返し気づかされた。……境遇の平等は、合衆国にお

けるほど極限に達してはいないにしても、日ごとにそれに近づいており、アメリカ社会を支配するデモクラシーはヨーロッパでも急速に権力の地位に上ろうとしているかに見えた。(トクヴィル『アメリカのデモクラシー』第1巻(上)、松本礼二訳、岩波文庫、9-10頁)

　トクヴィルはまた、この序文のなかで、「私はアメリカの中にアメリカを超えるものを見た」と述べている。それは、アメリカのデモクラシーを狭い意味での政治体制としての民主主義だけでなく、社会のさまざまな側面においてみられる“境遇の平等化”(デモクラシー) の趨勢としてとらえ、こうした平等化の趨勢は、遅かれ早かれヨーロッパにも広がることを予感していたのであった。ただトクヴィルは、これまでの既成の政治体制としての民主主義とは異なる側面をアメリカのデモクラシーに見いだしている。トクヴィルは、アメリカ東部ニュー・イングランドのタウンを見て回ったとき、そこに地域自治の精神を見いだし、そこで出会った名もなき住民の活動に驚きをもって、つぎのように記述している。

　　ニュー・イングランドの住民がタウンに愛着を感じるのは、それが強力で独立の存在だからである。これに関心を抱くのは、住民がその経営に参加するからである。これを愛するのは、その中で自分の境遇に言うべき不満がないからである。住民は社会に野心と将来をかけ、自治活動の一つ一つに関わり、手近にあるこの限られた領域でタウンを治めようとする。それなくしては革命によってしか自由が発展しないもろもろの手続きに慣れ、その精神を吸収し、秩序を好み、権力の均衡を理解し、そして自らの義務の本質と権利の範囲について明確で実際的な考えをまとめること、これらを住民はタウンの中で行なうのである。(トクヴィル「アメリカのデモクラシー」第1巻(上)、松本礼二訳、岩波文庫、111頁)

　トクヴィルは、タウンの住民の積極的な地域活動にアメリカの民主主

義の力を見いだしたのである。その原動力の源泉は地域自治であり、住民は自らの地域に愛着を感じ、地域の問題を自分のこととしてとらえ、強い関心をもって取り組みである。政府の力が弱い分、公共的な施設 (学校や病院) などについても、自分たちの力でお金を集め、あるいはそのための組織を設立し、自分たちで自ら運営していく積極的な姿に、トクヴィルは、アメリカの民主主義の可能性を発見したのであった。

注

(1) モンテスキュー『法の精神』(上)、野田良之ほか訳、岩波文庫、1987 年、52 頁。

(2) コモン・マン (common man) とは、これまでのアメリカ連邦政府を支配してきた「教養と財産」をもつ名望家ではなく、家柄も富も特別な教養もない一般庶民出身を意味する言葉である。一般市民が政治に大幅に参加するようになると、アメリカでは貴族主義的な伝統は影をひそめ、反知性主義的な風潮が強くなり、平等主義的な価値が尊重されるようになった。こうした社会状況においては、庶民であることは大統領としてプラス要因に働いたのである。

〔参考文献〕

・トクヴィル『アメリカのデモクラシー』松本礼二訳、岩波文庫、2018 年。

・バーク、エドマンド『フランス革命についての省察』中野好之訳、岩波文庫、2000 年。

・ハミルトン、A.・J. ジェイ・J. マディソン『ザ・フェデラリスト』斎藤眞・中野勝郎訳、岩波文庫、2017 年。

・プラトン『ソクラテスの弁明・クリトン』久保勉訳、岩波文庫、2008 年。

・ペイン、トーマス『コモン・センス』小松春雄訳、岩波文庫、2018 年。

===第3章===

民主主義と「自由」の観念

1　2つの民主主義形態

直接民主制と間接民主制

　一般に民主主義には、「直接民主制」と「間接民主制（あるいは代議制）」の2つの形態があるといわれている。「直接民主制」は、全国民が直接的に政治に参加する形態であり、「間接民主制」は国民自ら選んだ代表者が政治を運営する形態である。直接民主制は、主権は譲渡することができず、代表は擬制であるという民主主義本来の意味を最もよく表している政治形態といえる。フランスの思想家ルソーは、『社会契約論』(1762)において、人民主権を絶対的なものと考え、代議制を否定する理由を、つぎのように述べている。

> 主権は譲りわたされえない、これと同じ理由によって、主権は代表されえない。……人民の代議士は……人民の使用人でしかない。……イギリスの人民は自由だと思っているが、それは大まちがいだ。彼らが自由なのは、議員を選挙する間だけのことで、議員が選ばれるやいなや、イギリス人民はドレイとなり、無に帰してしまう。その自由な短い期間に、彼らが自由をどう使っているかをみれば、自由を失うのも当然である。(ルソー『社会契約論』桑原武夫・前川貞次郎訳、岩波文庫、133頁)

　たしかに、ルソーの説く人民主権（国民主権）の観点に立てば、直接民主制は望ましい政治形態といえる。その一方で、今日のように大規模化

した社会において機能しうる民主制の形態は、代表制（間接民主制）でしかありえないという主張もある。イギリスの哲学者 J.S.ミル（John Stuart Mill 1806–73）は、その著書『代議制統治論』（1861）において、直接民主制を究極的に望ましい政治形態と論じつつも、現状においては代議制が理想的な形態だとして、つぎのように述べている。

> すなわち、社会状態のあらゆる必要条件を十分に満たしうる唯一の統治は、国民全体が参加する統治であるということ、……そして究極的に望ましいのは、すべての人びとに国家の主権の分担をゆるすこと以下ではありえない、ということである。しかし、単一の小都市を超えた共同社会において、公共の業務のうち若干のきわめて小さな部分にしか、すべての人が自分で参加することはできないので、完全な統治の理想的な型は、代議制的でなければならないのである。
>
> （J.S.ミル『代議制統治論』水田洋訳、岩波文庫、97–98頁）

したがって、今日では、国民の意志を反映させるならば直接民主制の方が優れているが、社会の規模の大きさを考えると、間接民主制（代議制）という不完全な形態を取らざるをえないというのが現実であろう。現在では、間接民主制（代議制）の政治形態が一般的である。しかし、実際は、代議員が多様な国民の意思を必ずしも代表せず、代議員と国民の間で意思や利害のズレが生じることも少なくない。とくに重要な点において、国民の意思を明確にするために、間接民主制の下でも、直接民主制の有力な手段として、イニシアティブ（国民発案）、レファランダム（国民投票）、リコール（解職請求）などが、とくに自治体レベルで制度化されている国もある。

直接民主制の一形式	内　　　容
● イニシアティブ（国民発案）	・有権者が国または自治体の立法に関する提案を行い、これを国民投票（住民投票）に対して賛否を決定する制度。
● レファレンダム（国民投票）	・有権者が、提案された国家的・地域的問題に関し、国家の認否または住民投票をへて、全国民の投票にかける制度。たとえば憲法改正の場合など。
● リコール（解職請求）	・国または地方自治体の特定の公職にある者が国民や住民の信頼に反する行為をしていると思われるとき、任期終了前に国民または住民がその解職を請求する制度。

図10　直接民主制の有力な手段

　ただ、こうした2つの民主主義形態の優劣をその性質や規模のレベルで判断してよいものであろうか。政治思想の歴史を振り返ってみると、「直接民主制」は古代ギリシアのポリス（都市国家）から生まれた形態であり、「間接民主制」は近代ヨーロッパの議会主義から生まれたものであることがわかる。議会主義とは、イギリスに代表されるように、名誉革命（市民革命）によって国王中心の政治から議会中心の政治へと転換した過程で生まれたもので、国民を代表する立法機関である議会を中心にして行われる政治運営のあり方をいう。歴史的起源が異なるこの2つの形態を、たんに“民主主義”という同一のカテゴリーで考えるのは、その本質を見誤ることにもなりかねない。

「自由」の観念

　起源の異なる2つの形態を、“民主主義”という同一のカテゴリーで考えるのではなく、それらが形成された時代の特殊性という観点から考察するのが妥当ではないだろうか。そこで、「自由」という観念をキー・ワードにして、2つの形態の違いを考えてみることにする。

　古代ギリシアのポリス（都市国家）では、「自由」とは「奴隷状態」にないことを意味していた。したがって、ポリスの市民の資格を持つ「自由人」とは、奴隷ではない人のことであった。つまり古代ギリシアにおける「自由」とは、ポリスの市民として国家（公的な空間）の政治活動に

参加することを意味していた。反対に、「不自由」な状態とは、奴隷として労働（私的な空間）に拘束されていることを意味していたのである[1]。それゆえ、古代ギリシアでは、労働は不自由な奴隷が担うべきもとされていたのである。くり返しになるが、ポリスの民主政を語る場合、忘れてならないのは、女性、在留外国人、未成年者、奴隷はポリスの自由市民とはみなされていなかったことである。市民権の排他性こそ、ポリス民主政の本質の1つであったといえる。

図11　古代アテナイ（民主政）

　一方、ヨーロッパの近代人にとっての「自由」とは、「国家に干渉されないこと」であった。というのは、近代人において、政治参加はそれほど魅力的なものではなかった。奴隷のいない近代社会では、人びとは自ら労働し、生産にあたる必要があったからである。そのような近代人にとって、「自由」とは何よりも、外部（政府）から干渉されず、自分の私的な生活、あるいは私的な活動を平穏に享受できることであった。
　では、こうした近代人の自由というのは、どこから生まれてきたのであろうか。近代の「自由」は、基本的人権という観念、つまり人間は生まれながらに自由・平等であり、この生得の権利はいかなる国家（政府）たりといえども侵すことができないとする、ホッブズにみられるような自然権思想に由来するものであった。しかしそれは、歴史的にみれば、「精神の自由」あるいは「良心の自由」に代表される「個人の自由」の考え方からきている。こうした「個人の自由」の思想がヨーロッパに広

がるきっかけとなったのは、16世紀初頭のルター（Martin Luther 1482–1546）にはじまる宗教改革であったといえる。

	直接民主制	間接民主制
起源	古代ギリシアのポリス	近代ヨーロッパの議会主義
「自由」の観念	奴隷でないこと。ポリスの市民として政治活動に参加できること。	国家に干渉されないこと

図12　2つの民主制の起源

2　宗教改革──「信仰の自由」

宗教改革の歴史

962　　神聖ローマ帝国成立（〜1806）

1096　第1回十字軍遠征（〜99）

1189　第3回十字軍遠征（〜92）

1198　教皇インノケンティウス3世即位（〜1216）

　：

1309　「教皇のバビロン捕囚」（〜77）＊フランス王、教皇をアヴィニヨンに強制移転。

1377　教会の大分裂

　：

1513　ローマ教皇レオ10世（〜21）

1514　贖宥状（免罪符）の発売

1517　ルター、「九十五カ条の論題」発表

1536　カルヴァン、『キリスト教綱要』刊行

1555　アウグスブルクの和議

ローマ教皇とカトリック教会

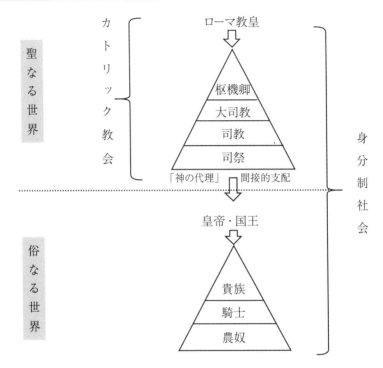

図13　中世ヨーロッパ社会のヒエラルヒー

　中世のヨーロッパでは、ローマ教皇を頂点とするカトリック教会は、自らも広大な領地を所有し、封建領主として君臨していただけでなく、「神の代理」として世俗君主の政治にもしばしば介入していた。中世においては、「聖なる世界」はローマ教皇（カトリック教会）が支配し、「俗なる世界」は皇帝（神聖ローマ帝国）が支配していたが、ローマ教皇は皇帝（世俗君主）の統治に直接的・間接的に影響を及ぼしていた。それは、教皇インノケンティウス3世（Innocentius 在位1198–1216）が教皇権の優位を誇示した"教皇権は太陽であり、皇帝権は月である"という言葉によく表れている。したがって、中世ヨーロッパの封建社会のもとで暮らす人びとは、ローマ教皇（カトリック教会）からは宗教的義務・教義による内的な

52

拘束を、皇帝（神聖ローマ帝国）からは政治的・経済的・身分制的な外的な拘束を受けるという二重の拘束を受けていたのである。

　ローマ教皇の支配とカトリック教会の体制は長い間つづいていた。しかし、16世紀はじめ頃には、ローマ・カトリック教会の腐敗と堕落がはじまり、その権威は地に落ちつつあった。聖職者の地位は、俗人に金で売られる「売官」が横行し、カトリック教会は金儲けのために贖宥状（免罪符）を信者に売りつけ、「お金を積めば、魂の救済が得られる」などいう、本来の教義に反する行いをしていた。贖宥状の歴史は古く、11世紀からはじまる十字軍の時代に、従軍の代わりに教皇指定の聖堂への参詣と寄進をした者に交付したのがはじまりとされる。

宗教改革——ルターとカルヴァン

　こうした教会の贖宥状の発売を批判し、宗教改革を開始したのが、ドイツの宗教改革者ルター（Martin Luther 1483-1546）であった。1517年、ルターは「九十五カ条の論題」という文書を発表し、「魂の救済は福音（イエス・キリストの言行録）への信仰によってのみ得られる」とし、「贖宥状と魂の救済とは無関係である」として贖宥状の発売をくり返し批判した。さらに、『キリスト者の自由』(1520) では、キリスト教は信仰において魂の「自由」を得ているとし、個々のキリスト者の内面における「信仰の自由」を主張したのである。

> キリスト者は信仰だけで充分であり、義とされるのにいかなる行いをも要しないということが明らかにされる。かくて彼がいかなる行いをももはや必要としないとすれば、たしかに彼はすべての誡めと律法とから解き放たれているし、解き放たれているとすれば、たしかに彼は自由なのである。これがキリスト教的な自由であり、『信仰のみ』なのである。(ルター『キリスト者の自由』石原謙訳、岩波文庫、21頁)[2]

　フランスの宗教改革者カルヴァン（Jean Calvin 1509-64）は、ルターにはじまるプロテスタンティズム（カトリックから分かれた新教）の思想を、さら

にラディカルな教えへと発展させ、プロテスタント（抗議する者）という新教徒の形成に大きな役割を果たした。カルヴァンは、ルターの聖書主義（福音主義）に立ちながら、その教説はきわめてラディカルなものであった。カルヴァンは、「魂が救済されるかどうかは、人間の意志によるのではなく、本人が誕生する前から神によってすでに決められている」という考え方（「予定説」）に立ち、この「予定説」をカトリックとの闘いなかで、新教徒を形成するための武器として徹底して用いたのである。

「予定説」を信じた人びとは、一層信仰心が厚くなり、自分の職業もまた神から与えられた「天職」と考え、禁欲的に勤労すべしとする職業倫理を発展させたのである。のちにドイツの社会学者マックス・ウェーバー（Max Weber 1864-1920）は、『プロテスタンティズムと資本主義の精神』（1904）において、近代資本主義の精神の生成を、禁欲を基本的な考え方とするプロテスタンティズムの宗教倫理にあるとみていた。

ルターやカルヴァンらの宗教改革は、信仰のあり方を大きく変え、新教（プロテスタント）を生み出すのに大きな役割を果たしたというだけでなく、教会権力および国家権力は信仰の問題に介入できないと主張することで、人間の本質は国家とは別なところにある。つまり、個人の内面にあることを証明したのである。近代人の自由の確立によって、これまで古代ギリシア人の自由からは考えられなかった、国家対個人という対立図式がはじめて政治思想の歴史に導入されたのであった。

17世紀になって、絶対君主化した英国王が、政治・経済的に「国教徒（カトリック）」だけを優遇する政策を取ったため、ピューリタン（清教徒）——禁欲と勤勉を旨とする英のカルヴァン派——が多い新興の産業資本家との間で対立関係が生じ、ピューリタン（清教徒）革命の原因になった。ここでも、「信仰の自由」を求める闘いと「経済活動の自由」を求める闘いが重なっていたのである。

3 「国家への自由」と「国家からの自由」

自由民主主義（リベラル・デモクラシー）

　古代ギリシアの民主主義は、ポリスの市民が直接政治に参加する「国家への自由」に支えられており、それゆえ直接民主制が理想とされていた。しかし、近代の民主主義は、「国家への自由」（平等な政治参加）と「国家からの自由」（自由な精神および経済活動）の微妙なバランスのうえに成り立っている。

　たとえば、アメリカ独立の指導者パトリック・ヘンリー（Patrick Henry 1736-99）が印紙法に反対した有名な言葉、"代表なくして課税なし"に表されているように、国王の一方的な課税権は、議会への代表の参政権によってはじめて抑制されると考えられていた。要するに、アメリカの植民地人は、イギリス本国議会に代表を送っていないので、本国政府は植民地人に課税することはできないと主張したのである。参政権と課税権を一体なものとする考え方は、イギリスの身分制議会（模範議会、1295）に起源があるといえよう。また参政権を持たない植民地人には、国王の一方的な課税は、自由な経済活動を妨げるものでもあった。

　近代の民主主義がしばしばリベラル・デモクラシー（自由民主主義）と呼ばれるのは、それが「国家からの自由」（自由主義の理念）を「国家への自由」（民主主義の理念）によって保証することを目的としているからである。むしろ近代人は、「国家への自由」という公的自由（参政権）によって「国家からの自由」という私的自由（精神の自由や経済活動の自由）を守ろうとした。その場合、間接民主制（代議制民主主義）は、もっとも合理的な統治形態となり、そして「選挙」とは「そもそも私的自由を守るために公的自由の行使に他ならない」という意味であることを忘れないようにしたい。

　自由民主主義は、より実質的に民主主義の理念（平等）を社会・経済の領域にも実現しようとすると、ヨーロッパにみられるように、民主的社会主義と呼ばれるだろうし、自由主義の理念（自由）をより重視し、それを社会・経済の領域まで広げようとすると、アメリカのように民主

的資本主義、いわゆる自由至上主義（リバタニアニズム libertarianism）と呼ばれることになる[3]。こうした自由主義と民主主義の間に緊張関係が存在していることを前提に考えるならば、どうすれば自由主義を否定することなしに、民主主義を充分に実現することができるのか、という課題がわれわれに残されているのである。

図14　自由民主主義

「消極的自由」と「積極的自由」──バーリン

1950年代、ソ連や東欧の社会主義・共産主義国家の誕生は、抑圧された人びとを「解放する」として、アメリカやイギリスの左派知識人から喝采を浴びていた。その一方で、これらの国々の体制に属する人びとの「個人の自由」は抑圧されていたという事実も存在していた。こうした政治状況のなか、ロシア帝政下のラトビア生まれで、イギリスの政治思想家バーリン（Isaiah Berlin 1909–1997）は、オックスフォード大学で『二つの自由概念』(1958) という題目で講演を行い、現代において自由主義が追求すべき“自由”の内容を明確にするために、「消極的自由 negative liberty」と「積極的自由 positive liberty」という2つの「自由」の概念を区別している。

バーリンによれば、「消極的自由」は、「国家からの自由」という形を取るもので、われわれが自分の行動に対して、他の個人、団体、あるいは国家に必要以上の干渉を受けないことを意味する。バーリンは、「消極的自由」について、つぎのように述べている。

56

自由という言葉(わたくしはfreedom も liberty も同じ意味で用いる)の政治的な意味の第一は——わたくしはこれを「消極的」negative な意味と名づけるのだが——、次のような問いに対する答えのなかに含まれているものである。その問いとはつまり、「主体——一個人あるいは個人の集団——が、いかなる他人からの干渉もうけずに、自分のしたいことをし、自分のありたいものであることを放任されている、あるいは放任されているべき範囲はどのようなものであるか」。……ふつうには、他人によって自分の活動が干渉されない程度において、わたくしは自由だといわれる。この意味における政治的自由とは、たんにあるひとがその人のしたいことをすることのできる範囲のことである。もしわたくしが自分のしたいことを他人に妨げられれば、その程度にわたくしは自由でないわけだし、……あなたが自分の目標の達成を他人に妨害されたときのみ、あなたは政治的自由を欠いているのである。(バーリン『自由論』小川晃一ほか訳、みすず書房、303–305頁)

　バーリンの「消極的自由」は、言い換えるならば、アダム・スミス以来の政治・経済的な自由主義を根本理念とする、いわゆるリバタリアニズム(自由至上主義)の立場であるといえる。ただ、ここで注意すべきは、「消極的自由」が保障されるのは、政府の一定の活動が機能しているときである。というのは、干渉する他者が政府以外の場合、その不当な干渉を止められるのはやはり政府だけであるからだ。
　一方、「積極的自由」は、「国家への自由」という形をとるもので、民主主義の基礎とされるが、バーリンによれば、自分自身の主人でありたいという個人の側の願望からくるものである。自分が自由であるためには、自分自身が自分の支配者でなければならない。それについて、バーリンはつぎのように述べている。

　自由という言葉の「積極的」な意味は、自分自身の主人でありたいという個人の側の願望からくるものである。わたくしは自分の生活やさまざまの決定をいかなる外的な力にでもなく、わたくし自身に依

拠させたいと願う。わたくしは他人のではなく、自分自身の意志行為
の道具でありたいと願う。……決定されるのではなく、みずから決定
を下し、自分で方向を与える行為者でありたいと願うのであって、外
的な自然あるいは他人によって、まるで自分がものや動物や奴隷
——自分自身の目標や方策を考えてそれを実現するという人間とし
ての役割を演ずることのできない——であるかのように働きかけら
れることを欲しない。少なくともこれが、わたくしが理性的であると
いい、わたくしを世界の他のものから人間として区別するものはわ
たくしが理性であるというときに、意味していることがらである。
（バーリン『自由論』（小川晃一ほか訳）、みすず書房、319頁）

　より高次の理性的で、最善の自己（自我）を実現することこそ、真の
自由を得ることになる。こうして、自分自身を完全に支配した状態、い
わば「真の自己（自我）」とでもいうべきものを志向するのである。バー
リンによれば、「真の自我」は個人の自我（普通に理解される意味で）よりも
もっと広大なもの、ひとつの社会「全体」（種族、民族、教会、国家などの大き
な社会）として考えられるものである。
　つまり、バーリンは、実体性のない仮想ともいうべき「真の自我」が、
社会「全体」（種族、民族、教会、国家などの共同体）が体現するとされる“集合
的人格”のようなものと同一視されてしまうと、しばしば他者への「自
由への強制」につながり、さまざまな閉鎖的な体制をもたらす結果にな
ると述べている。たとえば、カリスマ的な指導者の人格との同一化が真
の自己実現とみなされたり、民族あるいは教会などの“集合的人格”と
の同一化が真の自由な自己となることだとみなされたりすることにより
全体主義的で閉鎖的な体制をもたらす場合がそれにあたる。
　バーリンは、「『消極的自由』の信奉者は権威そのものを抑圧しようと
欲し、『積極的自由』の信奉者はその権威を手中に置かんと欲する」と
述べ、「それは、一つの概念についての異なった解釈というのではなく、
人生の目的に対する二つのまったく相異なる、和解しがたい態度であ
る」と述べている。そしてバーリンは、「かれら（事実を尊重するひとびと）

がその実現に努めている「消極的」自由は、訓練のよく行届いた大きな権威主義的構造のうちに、階級・民族・全人類による「積極的」な自己支配の理想を追求しているひとびとの目標（「積極的」自由）よりも、わたしにはより真実で、より人間味のある理想であるように思われる」と述べている。

　つまり、バーリンは、"真の自己実現"のような目標を設定して、最初から選択肢を無くしてしまうのではなくて、世界には、必ずしも両立しないさまざまな価値が存在することを認め、その諸価値の間で試行錯誤しながら、自分の取りうべき行動を選択するのが、人間らしい自由のあり方である、とかれは考えるのである。では、なぜバーリンは「積極的自由」を警戒するのか。それは、「積極的自由」を通しての「自己実現」を追求しすぎると、結局、国家万能主義、全体主義につながる恐れがあるからであり、それゆえに、「消極的自由」に焦点を当てるべきだと強調しているのである。

　バーリンが「消極的自由」を支持したのは、消極的自由（自由主義）とデモクラシーが、少なくとも論理的には無関係であると考えていたからである。その上で、「自由主義なき（自由でない）デモクラシー」は「国家主義的デモクラシー」あるいは「全体主義的デモクラシー」であり、それが社会に蔓延することをバークは危惧していたのであった。

注

(1) ハンナ・アーレント（1906–75）は、主著『人間の条件』（1958）で、西欧世界における「公／私」の区別は、もともと古代ギリシアのポリスにあったとし、古代人にとって「私的 private」の状態とは、「〜が欠如している」「何かを奪われている」という状態を意味していた。そこで欠如あるいは奪われているものとは、公的なもの＝ポリスに参加する自由であった。

(2) 「義とされる」とは、正しい行い、正義、義務といった意味である。

(3) アメリカの場合、自由主義を表現する「リベラリズム（liberalism）」は

保守主義（自由至上主義）と対置され、社会的平等の実現を志向し、国家に大きな役割と権限を与えるような「進歩的」な立場をさすようになっている。

〔**参考文献**〕

・空井護『デモクラシーの整理法』岩波書店、2020 年。
・バーリン、アイザィア『自由論』小川晃一ほか訳、みすず書房、1997 年。
・ミル、J. S.『代議制統治論』水田洋訳、岩波文庫、1997 年。
・ルソー『社会契約論』桑原武夫・前川貞次郎訳、岩波文庫、2002 年。
・ルター、マルティン『キリスト者の自由』石原謙訳、岩波文庫、2018 年。

第4章

近代民主主義——自由と平等の相克

1 近代民主主義の変容

近代民主主義とは

　近代の民主主義は、しばしば自由民主主義（リベラル・デモクラシー）と呼ばれ、「民主主義」と「自由主義」という互いに異質な思想から成り立っており、この2つの思想は決して和解することなく、つねに矛盾に満ちた緊張関係にあることを前提している。この2つの思想が目的とする価値は、「平等」（民主主義）と「自由」（自由主義）とにほかならない。したがって、民主主義（平等）の発展は議会制を中心とする選挙権の拡大により加速し、一方自由主義（自由）の発展は国家からの市場介入やさまざまな規制を排除することにより加速していったのである。

　市民革命後のヨーロッパ社会は、「国家への自由」を重視する自由主義的な価値観によって形成された。つまり、自由主義の拡大を目ざす社会の誕生こそ、近代社会の特徴ともいえる。こうして形成された近代社会は、現代の「大衆社会」と区別して「市民社会」と呼ばれている。市民革命後、市民社会を形成し、政治の世界に台頭してきたのは、ブルジョアジーと呼ばれる資本家階級、いわゆる産業資本家であった。かれらは「教養と財産」をもった新しい階級として登場したのである。

　市民社会では、こうした「教養と財産」をもつ産業資本家にのみ選挙権（制限選挙）が与えられていた。それゆえ、かれらの代表が構成する議会はきわめて同質性が高いものであったといわれている。議会は、自律的で理性的な「討論」の場として機能しえたのである。こうした議会を

中心とする政治的なあり方から、市民社会の国家は「立法国家」とも呼ばれ、国家（議会）の役割はきわめて小さいものであった。

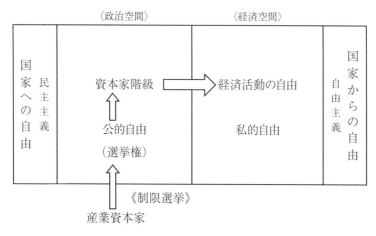

図15　近代市民社会の政治経済

　資本家階級だけが選挙権（「国家への自由」）を手に入れたわけであるが、かれらがつぎに求めたのは、経済活動の自由、つまり自由権（「国家からの自由」）を獲得することであった。こうして、近代市民社会は、自由を求める資本家階級によって急速に変容していくことになる。

絶対主義国家の時代――重商主義政策

　16世紀のルターやカルヴァンたちの宗教改革、そしてロックやルソーの思想に影響を受けた18世紀の市民革命（名誉革命・アメリカ独立革命・フランス革命）は、ヨーロッパの政治社会に大きな変革をもたらした。こうして形成された近代国家においては、「信教の自由」、「良心の自由」、「言論活動の自由」などの「精神活動の自由」は自由権として、次第に基本的な人権として保障され、のちに憲法などの法体系によって保護されるようになった。近代人（市民階級）が求めた「自由」とは、まさに

「国家に干渉されないこと」であった。しかし、かれらが求めたもう1つの「自由権」、いわゆる「経済活動の自由」はいまだ手に入れてはいなかったのであった。

　というのは、16世紀半ばから18世紀にかけて、西ヨーロッパの絶対主義的な国家は、自らの体制（常備軍・官僚制度）を維持するために、国富の増大をめざす重商主義政策をとっていたからである。重商主義とは、「国富の増大は金銀・貨幣の保有量で決まると」いう考えのもと、国内産業を保護育成し、さまざまな商品を生産し、他国への輸出超過（貿易の黒字化）を促進する一方で、関税により他国からの輸入を抑制し、金銀・貨幣を獲得していこうという政経済政策あるいは経済理論をさす。絶対主義国家ではなかったが、当時のイギリスにおいても、国内産業が未熟なため、保護主義的な重商主義政策がとられていたのである。

　こうした重商主義政策に対して、イギリスの経済学者・法学者アダム・スミス（Adam Smith 1723-90）は繰り返し批判するのである。かれによれば、輸出によって金・銀を得ることだけが国を豊かにするのではなく、むしろ輸入品を消費すること（消費財）によって国は豊かになる。そのためには自由な経済活動（自由貿易）を行なうことが重要であるとした。

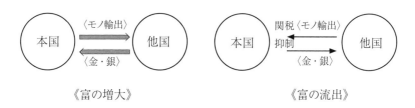

図16　保護貿易主義と貿易差額主義

2 自由主義的な価値観の形成

アダム・スミス──自由放任主義

18世紀半ば以降、イギリスで産業革命が起こると、機械制工場により工業製品が大量生産され、工場経営者となった産業資本家が政治経済の各分野で支配的地位を獲得していった。こうして、19世紀の西ヨーロッパ社会では、経済の観点から「国家からの自由」を重視する自由主義的な価値観が形成されるようになり、資本主義体制の社会、いわゆる「市民社会」が成立したのである。その場合の「市民」とは、労働者階級に対して産業資本家すなわち資本家階級（ブルジョアジー）をさしていた。「市民社会」の特徴を理解するうえで、自由主義経済理論を体系化し、「近代経済学の父」と呼ばれたアダム・スミスの思想について、簡単に説明しておくことにする。

18世紀後半以降、イギリス国内における「精神活動の自由」はかなり認められるようになると、市民の側においても、次第に「国家」の形成を意識するようになり、自らの生命・財産の「安全」や「自由」の問題を「国家」の枠内で考えるようになった。それは、ホッブズやロックやルソーの「社会契約」論から「国民国家」論への政治思想の転換期でもあったといえる。アダム・スミスは、まさにその時代や政治思想（社会契約論）を反映し、自由主義経済思想の基礎を築いたのであった。

アダム・スミスが経済的な「自由」を尊重するのは、経済活動において、自由に「自分自身の利益を追求」することが、総体として社会の発展につながるという自由主義的な思想に依拠しているからである。アダム・スミスは、『道徳感情論』(1759) において、各個人が利己的な態度で、自由にそれぞれの利益を追求すれば、「（神の）見えざる手」に導かれるように、労働生産の効率を上昇させ、社会全体の富の増大をもたらすとして、つぎのように述べている。

> 富裕な人びとはただ、その集積の中から、最も貴重で快適なものを選ぶだけである。かれらが消費するのは、貧乏な人びとよりもほとんど

多くないし、そして、かれらの生まれつきの利己性と貪欲にもかかわらず、かれらは、自分のすべての改良の成果を、貧乏な人びととともに分割するのであって、たとえかれらは、自分たちだけの便宜さを目ざそうとも、……かれらは、見えない手に導かれて、大地がそのすべての住民のあいだで平等な部分に分割されていたばあいに、なされただろうのとほぼ同一の、生活必需品の分配を行うのであり、こうして、それを意図することなく、それを知ることなしに、社会の利益をおしすすめ、種の増殖にたいする手段を提供するのである。(アダム・スミス『道徳感情論』(下)、水田洋訳、岩波文庫、24頁)

　アダム・スミスは、各人の自由な経済活動 (利潤追求) は、「(神の) 見えざる手」によって、生産性を向上させ、当該社会の富の増大を促進することになるとし、保護貿易主義をとらず、自由貿易をとるべきだと政策提言したのである。それが、かれの著書『国富論』の主要テーマであった。この著作には、アダム・スミスの自由放任 (レッセ=フェール “なすに任せよ”) の考え方がみられるが、「レッセ=フェール」という標語は、もともとフランスの重農主義者が唱えた主張であって、イギリスの古典派経済学とは関係がないものであった。だが、イギリスでも次第に「レッセ=フェール」という用語は、経済学のうえにしばしば現れるように、アダム・スミスの『国富論』もまたこうした考え方が基調となっている。

アダム・スミス──「安価」な政府論

　アダム・スミスの自由放任 (レッセ=フェール laissez faire) の考え方には、個人の「経済活動の自由」に対する国家の干渉・統制を極度に警戒する思想が含まれていた。アダム・スミスは、『国富論 (諸国民の富)』(1776) のなかで、いわゆる「安価な政府」論を展開し、最小限国家 (主権者) に課された義務・役割としてつぎの3つをあげている。

　すなわち、第一に、その社会を他の独立諸社会の暴力と侵略から守る義務、第二に、その社会のそれぞれの成員を、他のそれぞれの成員の

不正と抑圧から、できるかぎり守る義務、つまり厳正な司法制度を確
立する義務、そして第三に、どのような個人または少数の個人にとっ
ても、その設立と維持が決して利益になりえないような、特定の公共
事業と特定の公共機関を設立し維持する義務であって、なぜなら、そ
れによる利益が、大きな社会にとってしばしば、費用を償って余りあ
るものでありうるのに、どの個人あるいは少数の個人にとっても利
潤が費用を償うことはけっしてありえないからである。(アダム・スミス
『国富論』3、水田洋監訳・杉田忠平訳、岩波文庫、339-40頁)

　アダム・スミスの国家の役割・義務を要約すると、①他国からの暴力
と侵略から守るための国防、②社会構成員を不正または抑圧から守るた
めの司法、③国内の産業活動を促進するための公共事業および公共施設
の設立の3点になろう。国家の役割・義務は、こうした限定的で小さな
ものであるが、市場における個人間の自由な競争は、あくまでも国家と
いう枠組みのなかで行われることを忘れてはならない。
　こうした近代自由主義国家を、のちにドイツの社会主義者ラッサール
(Ferdinand Lassalle 1825-64) は、個人の「自由」と「私有財産」を守るだけ
の番人、いわゆる「夜警国家」であるとして批判した。「夜警国家」と
いう概念は、国家が社会に積極的に介入して、社会問題や経済問題など
を解決しようという現代の「福祉国家」の対概念として用いられるよう
になった。

アダム・スミス──『道徳感情論』
　アダム・スミスの自由主義経済思想は、自由放任 (レッセ=フェール) の
考え方に表れているように、市場における個人間の自由な競争によって
生産性が高まり、それが社会全体の富の増大をもたらすというもので
あった。では、こうした自由放任の考え方に基づいて、利己的な個人間
の自由な競争が実現すれば、みんなが平和に共存する豊かな社会が形成
されるのであろうか。というのは、どの時代においても、利益を得るた
めなら何をやっても構わないという利己的な人間が存在するからである。

この点について、アダム・スミスも同様の問題意識をもっていた。

　アダム・スミスは、『道徳感情論』(1759) において、文明社会あるいは商業社会と呼ばれる近代社会（市民社会）において、「自由で平等な利己的個人が平和的に共存する社会は——国家権力の介入なしに——どのように可能であろうか」という問題を追求しようとした。そして、近代社会という（国民）国家の枠内でしか生きられない利己的な諸個人の相互間の「同感 (sympathy)」あるいは「共感」にその問題の鍵をみいだそうとしたのである。『道徳感情論』の最初の章で、アダム・スミスはつぎのように述べている。

　　人間というものをどれほど利己的とみなすとしても、なおその生まれ持った性質の中には他の人のことを心に懸けずにはいられない何らかの働きがあり、他人の幸福を目にする快さ以外に何も得るもの

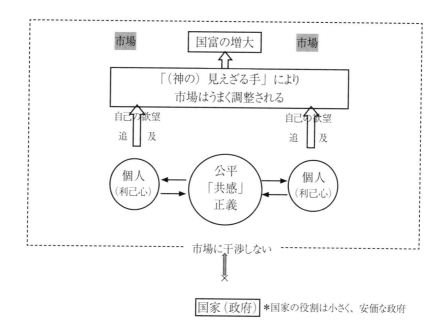

図 17　自由放任主義に基づく経済

がなくとも、その人たちの幸福を自分にとってなくてはならないと感じさせる。他人の不幸を目にしたり、状況を生々しく聞き知ったりしたときに感じる憐憫（れんびん）や同情も、同じ種類のものである。他人が悲しんでいるとこちらもつい悲しくなるのは、じつにあたりまえのことだから、例を挙げて説明するまでもあるまい。悲しみは、人間に生来備わっている他の情念同様、けっして気高い人や情け深い人だけが抱くものではない。こうした人たちはとりわけ鋭く感じとるのかもしれないが、社会の掟をことごとく犯すような極悪人であっても、悲しみとまったく無縁ということはない。（アダム・スミス『道徳感情論』村井章子・北川知子洋訳、日経BP社、57-8頁）

　アダム・スミスは、生来人間は他人の境遇を思いやる感情、「共感」をもっており、それはかれの自己中心的な利己心ほど強力なものではないが、だいたいにして公平や正義を守らせるには十分であると考えていた。では、"公平や正義に必要な中立性をどのように確保するのか"、"どうすれば公平や正義は促進されるのか"、という問いに対して、アダム・スミスは、「中立な観察者」という装置を提案するのである。アダム・スミスが提案する「中立な観察者」という手法であれば、（主権）国家という枠組みの限界を乗り越えて、世界共通の正義として拡張することが可能である。グローバルな課題に取り組むときに何よりも求められるのはアダム・スミス流の手法・考え方であるといえよう。

3　市民社会から大衆社会へ

イギリスの選挙法改正の歴史
- ・第1回選挙法改正（1832）―都市産業資本家の選挙権拡大
- ・第2回選挙法改正（1867）―都市労働者の選挙権拡大
- ・第3回選挙法改正（1884）―農村労働者の選挙権拡大
- ・第4回選挙法改正（1918）―成年男子と30歳以上の婦人の選挙権拡大
- ・第5回選挙法改正（1928）―21歳以上の男女全てに選挙権拡大

民主主義の拡大

　市民社会は、「国家からの自由」を重視する自由主義的な価値観によって形成されていた。しかし、19世紀の中頃になると、こうした政治経済のあり方にも次第に変化がみられるようになった。この頃、イギリスでは都市労働者を中心とするチャーティスト運動（Chartist 1837頃-58頃）という普通選挙権の獲得をめざした組織的な運動が活発になっていた[1]。

　市民社会では、選挙権はもともと、多額の課税の対象となる土地・財産をもった都市や地方の産業資本家（ブルジョアジー）の男子に制限されていた。いわゆる"財産に基づく制限選挙"であった。またマルクス（Karl Marx 1818–1883）とエンゲルス（Friedrich Engels 1820–1895）の『共産党宣言』(1848) が発表されたのもこの頃であった。マルクスとエンゲルスは、『共産党宣言』において、資本主義社会の打倒と社会主義社会の建設のために"万国の労働者よ、団結せよ"という労働者の国際的連帯を呼びかけたのであった。その『共産党宣言』の序文は、つぎのような記述からはじまる。

> したがって（太古の土地所有が解消して以来）全歴史は階級闘争の歴史、すなわち、社会的発展のさまざまの段階における搾取される階級と搾取する階級、支配される階級と支配する階級のあいだの闘争の歴史であった。しかしいまやこの闘争は、搾取され圧迫される階級（プロレタリア階級）が、かれらを搾取し圧迫する階級（ブルジョア階級）から自分を解放しうるためには、同時に全社会を永久に搾取、圧迫、および階級闘争から解放しなければならない段階にまで達した。（マルクス・エンゲルス『共産党宣言』大内兵衛・向坂逸朗訳、岩波文庫、10-11頁）

　チャーティスト運動を契機にして、これまでの「国家からの自由」を理念とする市民社会のあり方が、「国家への自由」（普通選挙権）を要求する新しい階級（労働者階級）の台頭によって次第に揺さぶられはじめたのである。こうした普通選挙を求める運動は、のちに史上初となる男女平

等の普通選挙権を認めたドイツのワイマール憲法 (1919) を成立させ、イギリスにおいては、その10年後の1928年に普通選挙制を完成させたのであった。そこで、もう一度政治経済的な観点から、普通選挙権 (民主主義) の拡大によって市民社会がどのように変容していったのかをみていくことにする。

市民社会から大衆社会へ

市民革命後、近代の市民社会、いわゆる近代の自由主義国家の担い手として台頭したのが、ブルジョアジーと呼ばれる資本家階級 (産業資本家) であった。市民としてのかれらは、「教養と財産」をもち、自律的に行動する人びとであり、政治的支配権を独占している階級であった。かれらのもつ「教養」とは、理性的に行動する能力を意味し、また「財産」とは、経済的に自立できる能力を意味していた。したがって参政権は、制限選挙により「教養と財産」をもつ資本家階級のみに認められており、それゆえ、かれらの代表から構成される議会は、同じような考え方や価値観や財産をもったきわめて同質性の高いものであったといわれる。

政治的な側面からみるならば、市民社会の国家は、アダム・スミスの説く自由放任主義の立場から、国家における行政活動の範囲は必要最低限のものに抑えられていた。市民社会の議会 (立法府) は、同質性の高い市民による理性的な「討論の場」として機能していたため、このような議会 (立法府) を中心とする政治のあり方から、市民社会の国家は「立法国家」とも呼ばれた。

また、経済的な側面からみるならば、市民社会の国家は、「国家からの自由」(自由主義) を尊重し、私有財産の不可侵を原則とするものであった。私有財産の不可侵は「夜警国家」を正統化する根拠であり、また資本主義の発達に欠かせない要素でもあった。しかし、こうした政治経済における原則は少数の資本家階級には有利なものであっても、大多数の労働者階級の人びとには何の恩恵も与えないものであった。

チャーティスト運動にみられるように、労働者階級が選挙権を要求し

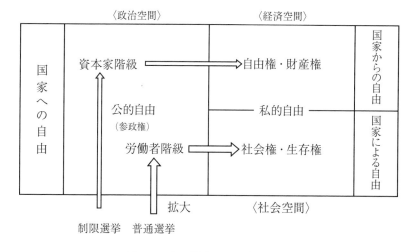

図18　市民社会から大衆社会へ

はじめたのは、まさに選挙権の獲得を通して、みずからの社会権・生存権を国家に保障させる、いわゆる「国家による自由」を得るためであった。2つの階級の対立は、「自由権」と「社会権」との対立とみることができる[2]。つまり、資本家階級が求める「財産権」と労働者階級が求める「生存権」との矛盾に満ちた対立が次第にクローズアップされはじめたのである。「国家からの自由」を尊重する市民社会では、こうした2つの階級の対立が問題化されることは考えられなかったことである。そうだとすれば、市民社会における国家の役割もまた、選挙権が拡大する大衆社会の到来にともない、大きく変容したものと考えなければならない。

4　大きな政府論

世界恐慌

　チャーティスト運動にみられるように、選挙権の獲得によって、みずからの生存権を国家に保障させようとする労働者階級の運動により、

19世紀の自由主義的な国家は、20世紀に入ると福祉国家へと発展していくことになる。この場合の福祉国家は、個人の自由に基づきながら、社会的弱者保護の観点から経済的自由を制約し、また社会権を保障して、国家が社会政策を直接展開する点に特徴があった。福祉国家のめざす方向性は、資本主義社会における貧困や失業などの弊害を除去するのに必要な国民生活への関与を、国家が積極的に行うことであった。「夜警国家」から「福祉国家」への大きな転換点になった出来事が、1929年に起こった世界恐慌であった。

　1929年10月24日（"暗黒の木曜日"）、ニューヨーク株式取引所の株価暴落にはじまった金融恐慌は、またたく間に各国を巻き込む世界的な大恐慌を引き起こした。取引の停止、生産の減少、失業の激増は、従来の自由主義経済や政治のあり方に大きな転換を迫るものであった。

　アメリカ大統領フランクリン・ローズベルト（Franklin Roosevelt 任1933–45）は、世界恐慌による大規模な失業問題を解決するために、政府の積極的な市場介入による完全雇用の実現をめざすニューディール政策（1933–35）を打ち出した[3]。この頃、イギリスの経済学者ケインズ（John Maynard Keynes 1883–1946）は、『雇用・利子および貨幣の一般理論』（1936）を発表し、完全競争状態における資本主義の不安定性、つまり生産過剰による不況、とくに不況による大量失業者の問題を克服するためには、政府の積極的な公共投資によって有効需要を高めなければならないと主張した。ケインズの考え方は、ニューディール政策の理論的な根拠とされた。

　こうしたケインズ主義的な経済政策は、資本主義経済（市場経済）のあり方を原則的に認めながら、市場に政府が介入し、適切にコントロールするという点で「修正資本主義」であり、また市場経済（自由放任的な資本主義）と計画経済（計画・管理的な社会主義）の混合という点では「混合経済体制」と呼ばれるものであった。

　ニューディール政策は、基本的に自由放任的な資本主義から「修正資本主義」への方向転換をうながすことで、資本主義体制の強化をめざすものであったが、政府の市場への積極的な介入により、一時的であれ大

		近代市民社会	世界恐慌の時代	現代大衆社会
国家の変容	政治的レベル	立法国家	⇨ 修正資本主義 ⇨	行政国家
	経済的レベル	夜警国家		福祉国家

図 19　近代市民社会から現代大衆社会への移行

きな政府にならざるをえなかった。とはいえ、世界恐慌を契機に福祉国家という新たな国家体制が生み出されたのである。戦後イギリスのアトリー政権は、ベヴァリッジ報告（1942）に基づいて"ゆりかごから墓場まで"のイギリス全国民の生活を保障する徹底的な社会保障制度を実現させ、福祉国家の形成に大きく貢献したといえる。

　こうした国家の変容は、経済的なレベルから見た場合、「夜警国家」（小さな政府）から「福祉国家」（大きな政府）への転換であり、政治的なレベルからみた場合、「立法国家」から「行政国家」への転換と位置づけられる。それは国家機能の増大によって実質的な権力が「立法部（議会）」から「行政部（政府）」に移行したことを表している。

注

（1）チャーティスト運動が起こった直接的な原因は、第 1 次選挙法改正（1832）が不徹底なものに終わり、労働者階級の選挙権拡大は実施されなかったことにある。

（2）社会権とは、簡潔にいえば、社会を生きていく上で人間が人間らしく文化的に生きるためには、国が積極的に関わる必要がある、という考えから生まれたものである。日本では、生存権、教育を受ける権利、勤労の権利などの社会権をと呼んでいる。

（3）ニューディールの基本政策は、Relief（救済〈緊急対策〉）、Recovery（回復〈本処置〉）、Reform（改革〈体質改善〉）の頭文字をとって 3R 政策と呼ばれ

た。この基本政策に基づき、TVA（テネシー河域開発公社）の設立という政府主導の公共事業を行うなど、有効需要の拡大により景気・国民生活の立て直しを図ろうとした。この基本政策は、たしかに一定の役割は果たした。しかし近年、保主義の側から、体制化したニューディール・リベラリズムが大きな政府をもたらしたとして厳しく批判されることになった。

〔**参考文献**〕

・スミス、アダム『国家論』水田洋監訳・杉山忠正訳、岩波文庫、2001年。
・スミス、アダム『道徳感情論』水田洋監訳・杉山忠正訳、岩波文庫、2003年。
・スミス、アダム『道徳感情論』村井章子・北川知子訳、日経 BP 社、2014年。
・マルクス・エンゲルス『共産党宣言』大内兵衛・向坂逸朗訳、岩波文庫、2018年。

第5章

市民社会から大衆社会へ

1 大衆社会をめぐる論争

大衆に対する負のイメージ

　近代初期に形成されはじめた「市民社会」は、絶対主義的な国家権力に対抗し、政治に積極的に参加し、議会を中心とした国家運営を通して、みずからの経済活動の自由を実現していこうとする能動的な「市民」の共同体として想定されていた。一方、「大衆社会」は、民主主義や自由主義の拡大により、選挙権や「自由」に関する諸権利が広く認められるようになるにつれ、国内における「平等」や「自由」のための闘争という緊張感が次第に薄れるようになった。こうして、政治への関心を失い他人任せにするという受動的な市民、いわゆる「大衆」が登場することになる。大衆は、近代市民社会の「市民」と比較して、きわめてネガティブなイメージでとらえられるようになった。

権威主義的性格——フロム

　大衆社会の主人公となった「大衆」は、理性的で自律した能動的なパーソナリティを持つ市民社会の「市民」と比較して、非合理的で依存しやすく受動的なパーソナリティをもつ存在して位置づけられた。たとえば、アメリカの社会心理学者E・フロム（Erich Fromm 1900–80）は、全体主義（ファシズム）に屈した人びと、つまり大衆の性格を「権威主義的性格」と呼び、世界的な反響を呼んだ。それは、資本主義への痛烈な批判を含んでいた。フロムは、『自由からの逃走』(1941) の序文において、本

書の主題の目的をつぎのように述べている。

> すなわち近代人は、個人に安定をあたえると同時にかれらを束縛していた前個人的社会の絆からは自由になったが、個人的自我の実現、すなわち個人の知的な、感情的な、また感覚的な諸能力の表現という積極的な意味における自由は、まだ獲得していないということである。自由は近代人に独立と合理性とをあたえたが、一方個人を孤独におとしいれ、そのため個人を不安な無力なものにした。この孤独は耐えがたいものである。かれは自由の重荷から逃れて新しい依存と従属を求めるか、あるいは人間の独自性と個性とにもとづいた積極的な自由の完全な実現に進むかの二者択一に迫られている。(エーリッヒ・フロム『自由からの逃走』日高六郎訳、東京創元社、4頁)

　フロムは、ナチズムなどの全体主義体制への大衆の動員を分析した『自由からの逃走』において、大衆の社会的性格 (パーソナリティ) をサド・マゾヒズム的な性格と定義し、「権威主義的性格」と呼んでいる[1]。フロムによれば、「権威主義的性格の人間は、権威をたたえ、それに服従しようとする。しかし同時にかれはみずから権威であろうと願い、他のものを服従させたいと願っている」として、ひとりの人間はサディズムとマゾヒズムをあわせ持っているという。フロムは、そうした社会的性格を大衆のなかに見いだしたのである。
　フロムは、大衆社会 (資本主義社会) の登場により、大衆はかつて生活に意味と安定をあたえていたすべての絆から解放されて、"消極的な自由"(「国家からの自由」) を手に入れたわけであるが、その反面、大衆は孤独と不安にさいなまれ、みずからが獲得したはずの政治的自由の重みに耐えられなくなったというのである。なぜなら、政治的自由には責任がともなうからである。その結果、自由、バーリンのいう"消極的な自由 (国家からの自由)"から逃れようとし、全体主義という新しい束縛へとかり立てられた、というのである。大衆には、全体主義への道しか選択は残されていなかったのであろうか。

フロムは、『自由からの逃走』の序文で提起したもう1つの選択肢、つまり、「人間の独自性と個性とにもとづいた積極的な自由の完全な実現に進む」という1つの解決の道を提案している。フロムはつぎのような問いかけをしている。「すべての一時的な絆から自由であることは、個人を非常に孤立したものにするから、かれは不可避的に新しい束縛に逃避しなければならなくなるものであろうか」、「独立と自由は孤独と恐怖と同じことであろうか」、「個人が独立した自我として存在しながら、しかも孤独でなはなく、世界と他人や自然と結びつきあっているような、精神的な自由の状態があるのだろうか」。その問いかけに対して、フロムは“積極的な自由”を求めることにより、自由から逃れる道を人間は選択すると期待し、つぎのように述べている。

　　われわれは一つの積極的な解答の存在すること、自由の成長する過程は悪循環とはならないこと、人間は自由でありながら孤独でもなく、批判的でありながら懐疑にみたされず、独立していながら人類の全体を構成する部分として獲得できる。自我の実現とはなんであるか。……われわれは自我の実現はたんに思考の行為によってばかりでなく、人間のパースナリティ全体の実現、かれの感情的知的な諸能力の積極的な表現によって成し遂げられると信じる。これらの能力は誰でもそなわっている。それらは表現されてはじめて現実となる。いいかえれば、積極的な自由は全的統一的なパースナリティの自発

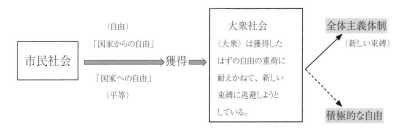

図20　フロムの積極的な自由

的な行為のうちに存する。（エーリッヒ・フロム『自由からの逃走』日高六郎訳、東京創元社、284頁）

こうして、フロムは、全体主義という新しい束縛の道とは異なる、1つの解決の道を提案している。つまりフロムは、個人が独立した自我として存在しながら、しかも孤独でなはなく、世界と他人や自然と結びつきあっているような、精神的な自由の状態、つまり"積極的な自由"の実現に向けた道を提案している。フロムのいう"積極的な自由"とは、バーリンのいう"積極的自由"とはまったく正反対の意味で使っている点に注意したい。それにしても、フロムの提案する"積極的な自由"には、あまりにも具体性がないように思うのだが、以下のように、フロムの著書の目的を理解する以外に方法はないようである。

本書は予測よりもむしろ診断——解決よりも分析——であるが、その結果我々の行為の進路に一つの方向性を与えている。なぜなら、全体主義がなぜ自由から逃避しようとするのかを理解することが、全体主義的な力を征服しようとするすべての行為の前提であるから。
（エーリッヒ・フロム『自由からの逃走』日高六郎訳、東京創元社、4頁）

政治権力の二面性——メリアム
アメリカの政治学者C・E・メリアム（Charles Edward Merriam 1874–1953）もまた、『政治権力』(1934) において、大衆の支持を獲得したナチスの政治行動から権力の二面性を明らかにしている。メリアムは権力の常套手段としての二面性（ミランダとクレデンダ）をについて、つぎのように説明している。

権力の常套手段は、信仰せられるべきさまざまなもの、すなわちクレデンダと、讃嘆せられるべきさまざまなもの、すなわちミランダとで自分を飾りたてることである。いかなる権力といえども、物理的な力に依存するだけでは自己を維持することはできない。物理的な力は、

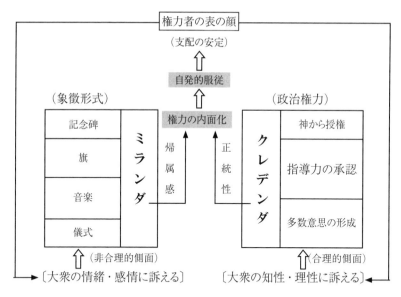

図21　メリアムのミランダ・クレデンダ

敵対と不満といった不慮の事態に対抗して、自己を保持しうるほど
強力なものではないからである。正義をつくり出す力は、たんなる腕
力とは異なった力でなければならない。それは人間の情動に深く根
ざし、また感情と願望・道徳性・賢明な行動準則、さらには高いレヴェ
ルの文化諸集団の間での合理化の諸形式といったものに基礎をおい
ているような力でなければならない。もし、心からの讃嘆と忠誠とを
獲得し、保持しようとするなら、視覚・聴覚・美的感覚などいったもの
を魅了し、動員しなければならない。(C・E・メリアム『政治権力』(上)斎藤真・有
賀弘訳、東大出版会、147頁)

　メリアムは、いかなる権力といえども、物理的な力（軍隊など）に依存
するだけでは自己の権力を維持することはできないとし、もし権力者が
みずからの権力を継続的・安定的に維持しようとするなら、権力の表の
2つの顔、「ミランダ」と「クレデンダ」が必要となると述べている。

この場合、「ミランダ」とは、讃嘆されるべきさまざまなものであって、具体的には、記念日、記念碑、公共の建物、旗、彫像、物と歴史、儀式、大衆的示威行進といったものをさす。

「クレデンダ」は信仰されるべきさまざまなものであって、ミランダが情緒や感性といった非合理的な側面に訴えかけるに対して、クレデンダは合理化という次元にあって知性的な側面に訴えかけるものである。その具体的な内容として、(1) 政治権力は唯一神あるいは神がみによって定立されたもの、(2) 政治権力とは卓越したリーダーシップの最高度の表現であるとするもの、(3) 政治権力とは、なんらかの形態の同意を通して表現された、多くの人びとあるいは多数者の意思であるとするもの、と3つあげている。そしてそこには、権力集団に共通にみられるクレデンダの、統治に対する尊敬、服従、自己犠牲、合法性の独占といった4つの原理があると述べている。

2 社会的性格

社会的性格──リースマン

こうした大衆のもつ非合理な社会性格は全体主義との関連でのみ論じられているわけではない。たとえば、アメリカの社会学者D・リースマン（David Riesman 1909–2002）は、『孤独の群衆』(1960) において、第二次世界大戦後のアメリカ社会における消費文化との関連から大衆の社会的性格を分析している。リースマンによると、個人の社会的性格は、おのれの行動を過去からの伝統習慣に従わせる伝統指向型、おのれの行動を幼少期に内面化された目的（両親や教育者など）に従わせる内部指向型、おのれの行動を同時代人（同輩集団やメディアなど）の欲求の流れに従わせる他人指向型の3つに分類されるという。リースマンは、大衆社会に支配的な社会的性格を「他人指向型」と呼び、つぎのように述べている。

　　他人指向型の人間は尊敬されるよりもむしろ、愛されることを求む。
　　かれは他人を屈服させることはもとよりのこと、他人をあざむいた

	伝統社会	近代社会（市民社会）	現代社会（大衆社会）
3つの類型	**伝統指向型**	**内部指向型**	**他人指向型**
内容	おのれの行動を過去からの伝統習慣に従わせる。	おのれの行動を幼少期に内面化された目的に従わせる。	おのれの行動を同時代人の欲求の流れに従わせる。
具体的な内容	伝統社会全体で共有される価値・物語として「宗教規範・伝統的慣習」。	伝統的な宗教（神）ではなく、個人の内面や心理に意識を向けるようになり、両親や権威的な教育者から教えられた「内面的な倫理（良心）」・罪の意識」に従って判断しようとする自己批判的な性格構造。	個人主義・自由主義・消費文明の発展を背景に、「他者からの反応や評価・マスメディアの情報（社会での流行）」により判断しようとする自己愛的・大衆迎合的な性格構造。他者への関心、他者との一体感・連帯感、他者から承認されたいという欲求。恥や罪ではなく、不安に動機づけられる。

図22　リースマンの社会的性格

りすることを求めない。むしろ、自分と他人とを結びつけようとするのである。かれは他人から俗物的だと思われるよりもむしろ、他人たちと情緒的に調子をあわせていることを求める。いわばかれは、ガラス張りの家の中に住んでいるのである。レースやベルベットのカーテンで自分を外側からへだてるようなことをかれはしないのだ。(D・リースマン『孤独の群衆』加藤秀俊訳、みすず書房、序文 xii)

　これらは伝統社会、近代社会（市民社会）、現代社会（大衆社会）それぞれに固有の社会的性格を客観的にあらわしたもので、そのうちのどれか1つが理想とされているわけではない。例えば生産を重視する近代社会では内部指向型が支配的であったのだが、現代のような消費社会では他人指向型が支配的になっているというのである。とはいえ、リースマンはこうした大衆のパーソナリティが政治的無関心を助長していることを指摘している。現代の政治的無関心は「ある程度の情報をもち、何らかの

責任を自覚している」にもかかわらず、政治に関心を向けないことを特徴としている。その原因としては、行政国家化の進行にともない政治社会そのものの官僚制化・複雑化が考えられるだろう。つまり現代の政治的無関心は大規模化した社会における個人の無力感から生まれているのである。

3　大衆社会のポジティブな側面と課題

大衆社会のポジティブな側面

　大衆社会は必ずしもネガティブな側面ばかりで論じられているわけではない。大衆社会にともない利害の多元化が進むと、これまでの個人主体の議会政治とは異なり、企業、労働組合、農業団体といった組織的な集団を主体とする新しい政治過程を形成するようになった。こうした現象を、イギリスの政治哲学者バーカー（Ernest Barker 1874–1960）は「集団の噴出」と呼んでいる。

　こうした集団は、一般的に圧力団体や大衆運動といった議会外で活動を行うことが多い。それは、大衆社会状況下で生じる利害の多元化・複雑化に議会が対応できないことから生まれた活動形式である。つまり、こうした議会の地位低下は、利益集団の行政権力への存在を強めることになったのである。

　たしかに、大衆社会化の状況における国家機能の変容は、このように政治過程そのもののダイナミズムを生みだしたことは評価してよいであろう。しかし、その反面、こうした行政国家化の現象が、官僚支配の傾向をもたらしていることを見落としてはならない。そのことが問題とされるのは、官僚はあくまでも専門家であって、政治家のような国民代表では決してないからである。つまり、現代では、行政国家そのものの正統性が問われており、それゆえ「政治主導」が叫ばれるようになったのである[2]。

大衆社会の課題

　さらに今日では、夜警国家から福祉国家への発展は、新たな問題をわれわれにつきつけている。それは、国家の一方的な行政サービスによって国民の受動化と国家財政の肥大化が進行しているという問題である。また1973年の石油ショックによる財政危機は「小さな政府」を主張する新自由主義の台頭をもたらすことにもなった[3]。そこでは自由放任的な「国家からの自由」がふたたび唱えられるようになったのである。

　以上のように、現代の「大衆社会－行政国家－福祉国家」のあり方はそれぞれ「パーソナリティ－正統性－国家財政」という観点から批判されている。だが、こうした批判がつねに「市民社会－立法国家－夜警国家」のあり方を基準にして行われている点に注意しなくてはならない。市民社会を正統化する原理をあくまでも理想のものとするのか、それとも大衆社会に固有の正統化の原理を見いだしながら、今日の課題を解決すべきなのか、それが今、われわれに問われているのである。

《市民社会》

	市民社会	立法国家	夜警国家
	社会的性格	正統性	国家財政
特徴	〈市民の社会的性格〉 ・自律的で能動的な性格 ・内部指向型の性格 ・積極的な政治参加	・国家の正統性は、選挙で選ばれた国民代表が運営する議会にある。	・国家は「安価な政府」であるべきであり、自由、経済活動の自由には干渉すべきではない。

《大衆社会》への批判点

	大衆社会	行政国家	福祉国家
	社会的性格	正統性	国家財政
特徴	〈大衆の社会的性格〉 ・受動的な性格 ・他人指向型の性格 ・政治的無関心	・国家の正統性は、国民代表が運営する議会にあり、官僚が運営する行政ではないこと。	・行政国家化は大きな政府を指向する福祉国家であるため、莫大な国家財政が必要とし、財政危機をもたらす可能性があること。

図23　市民社会と大衆社会

注

(1) サド・マゾヒズムとは、サディズムとは、人に苦痛を与えて性的快楽を得る倒錯（異常性欲）のことである。マゾヒズムとは人から苦痛を受けて性的快楽を得る倒錯のことである。

(2) 政治主導とは、政策、予算、人事などを決めるにあたり政治家がより強くリーダーシップをとることである。

(3)「安価な政府」論と「小さな政府」論とは、必ずしも一致するものではない。「安価な政府」論は、アダム・スミスの国家の役割・義務を国防・司法・公共事業などの限るという、いわゆる夜警国家と呼ばれるに考え方である。一方「小さな政府」論は、第2次世界大戦後、社会福祉の充実などにより、経済分野での公共部門が拡大し、国のあり方が「大きな政府」へと向かいつつあった。こうした傾向に対して、1980年代イギリスのサッチャー政権下では、社会保証ならびに福祉支出の削減し、市場競争に多くを委ねることによって、自由放任・自助の精神などの回復により資本主義経済の再活性化を図ろうとした。これが、いわゆる「小さな政府」論である。

〔参考文献〕

・フロム、エーリッヒ『自由からの逃走』日高六郎訳、東京創元社、1965年。

・メリアム、C・E『政治権力』斎藤真・有賀弘訳、東京大学出版会、1973年。

・リースマン、D『孤独の群衆』加藤秀俊訳、みすず書房、1992年。

第6章

国家の正統性

1　近代国家の本質

　国家の本質が暴力の独占にあることを最初に示したのは、イタリアの政治思想家マキャヴェリ（Niccolo Mchiavelli 1469-1527）であった。かれの生きた時代は、イタリアを中心に"ルネサンス"と呼ばれる大規模な文化的・社会的運動が起こり、中世のキリスト教の価値観とは異なる、世俗主義、合理主義、個人主義などの価値観が広まっていた。またローマ・カトリック教会では、ルターの宗教改革が起こり、プロティスタンティズム（新教）の形成の動きが加速し、市場経済の発展や都市の発達などがみられるようになると、中世ヨーロッパ社会の権力構造は急速に崩壊しはじめ、次第に近代国家が形成されはじめたのであった。

　こうした時代のなか、イタリアの都市国家フィレンツェ共和国の外交・軍事の担当高官であったマキャヴェリは、周辺諸国の侵攻やイタリア内の諸勢力抗争によって、イタリアの衰退と崩壊を目の当たりにしたのであった。マキャヴェリは、『君主論』(1532) において、イタリア統一を実現し、独立を守るためには、君主たる者は宗教や道徳ではなく、力（軍隊）を信奉すべきであり、力（軍事力）のみが国家存続の唯一の条件であるとし、つぎのように述べている。

　　それゆえ次のような結論が引き出される。自己の軍隊を持たない限り、いかなる君主権も安泰ではなく、逆境にあって自らを防衛する能力に欠けるため完全に運命の意のままに引きずりまわされる、と。

『自らの力に基づかない権力や名声ほど頼りなく、不安定なものはない』というのは常に賢人の懐く見解であり、箴言であった。(ニッコロ・マキアヴェッリ『君主論』佐々木毅訳、講談社学術文庫、250頁)

　マキャヴェリは、政治（国家権力）を宗教や道徳から切り離して、現実主義的な政治理論を創始したという意味では、近代の政治思想、国家論に大きな影響を与えた、“近代政治学の祖”ともいえるかもしれない。しかし、マキャヴェリの『君主論』の表題に表されているように、マキャヴェリの問題関心は、自分の領土の上に行使することができる君主権力あるいは絶対君主国家の維持・強化に置かれていることを忘れてはならない。

　中世の封建社会が終わり、近代の市民社会から現代の大衆社会へと転換されるなかで、国家がどのようにその機能を変化させてきたのか、それについてはすでに述べてきた。しかし、市民社会の立法国家から大衆社会の行政国家へ、あるいは夜警国家から福祉国家へと歴史的な社会の変容にもかかわらず、マキャヴェリ以来、近代国家の本質そのものは、

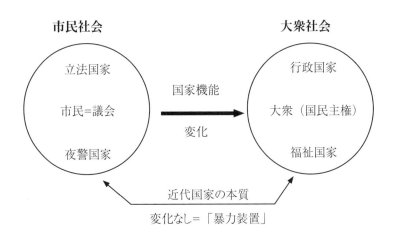

図24　近代国家の本質

現代に至っても基本的には変わっていないのではないだろうか。つまり、近代国家の本質は「暴力装置」であるということである。

2　国家の正統性について——マックス・ウェーバー

「国家」とは

　20世紀初頭において、民主主義の置かれた状況をよく表した人物の一人に、ドイツの社会学者マックス・ウェーバー（Max Weber 1864–1920）がいる。『プロテスタンティズムの倫理と資本主義の精神』(1904) の著者として有名であるが、ウェーバーは政治についても重要な発言や定義を多く残している。第一次世界大戦後の混乱した社会状況の中で、ウェーバーは学生たちに向けて行った講演が「職業としての政治」(1919) であった。第一次世界大戦の敗戦によりドイツ帝国が崩壊した直後であっただけに、相対的に国家をどうとらえるべきかについて、ウェーバーはつぎにように「国家」を定義づけている。

> もちろん暴力を行使するのは、国家にとって正常な手段でも、唯一の手段でもありません（それは分かりきったことです）。しかし暴力の行使が国家に固有なものだと言うことはできるでしょう。とくに現在では、国家とこの暴力の行使との関係がきわめて緊密なものとなっています。……人間の共同体のうちで、ある特定の領域において、正当な物理的な暴力の行使を独占することを要求し、それに成功している唯一の共同体が国家だと言わざるをえないのです。(マックス・ウェーバー『職業としての政治』中山元訳、日経BPクラシックス、10–11頁)

　国家権力の最終的な基礎には、物理的な暴力行使が存在しているというのが近代国家の本質であったわけであるが、では国家の内部において、誰に物理的な暴力を行使する権利が与えられているのであろうか。その点について、ウェーバーはつぎのように述べている。

これは現代に特有のありかたでして、国家以外のすべての団体や個
人には、物理的な暴力を行使する権利が否定されていて、こうした暴
力を行使できるのは、国家が承認した場合に限られるのです。ですか
ら国家は暴力を行使する「権利」の唯一の源泉とみなされていること
になります。（マックス・ウェーバー『職業としての政治』中山元訳、日経BPクラシッ
クス、10頁）

　われわれは学校内、あるいは街角などいたるところで物理的暴力の行
使を目にすることがある。だが、そうした暴力行使を正当かつ独占的に
認められているのは近代国家だけであるとウェーバーは述べている。そ
の場合、暴力は警察力・軍事力のかたちで制度化されていることを忘れ
てはならない。くり返しになるが、近代国家とは、その政治形態がどの
ように変化しようとも、あくまでも暴力装置であることには変わりはな
いのである。

権力と支配

　ところで、なぜ国家のみ物理的暴力の独占が許されているのであろう
か。言い換えれば、人びとはなぜみずからの暴力行使を不当なものと考
え、国家による暴力行使だけを正当なものをとみなし、それに従うので
あろうか。この問いに対して、ウェーバーは、「権力(Macht)」の定義で
それに答えている。

　ウェーバーによると、「権力」とは、「ある社会関係の内部で抵抗を排
除してまで自己の意志を貫徹するすべての可能性」を意味するものであ
る。自己の意志を貫徹するために他者の抵抗を排除するための手段、そ
れが物理的な暴力にほかならない。しかし、そこに少しでも抵抗の可能
性が残されている限り、権力の可能性はあまり期待できないことになる。
そこでウェーバーは、「支配（Herrshaft）」という概念を提示する。「支配」
とは、「ある内容の命令を下した場合、特定の人びとの服従が得られる
可能性」を意味する概念であるとし、つぎのように述べている。

「支配」というのは、挙示しうる一群の人びとを特定の(またはすべての)命令に服従させるチャンスのことである、と定義風にいっておく。それだから、「勢力」や「影響力」を他の人びとにおよぼすチャンスであれば、どのような種類のものでも支配であるということにはならない。こうした意味での支配(「権威」)は、個々のばあいに千差万別な服従の動機にもとづくことがありうる。つまり、この動機は、無反省なしきたりからはじまって、純粋に目的合理的な打算にまでわたっている。一定最小限の服従意欲、したがって、服従への(外的または内的な)利害関心こそは、あらゆる真正の支配関係のめやすなのである。(マックス・ウェーバー『権力と支配』濱嶋朗訳、講談社学術文庫、23頁)

ここでいう支配とは、たんなる物理的な暴力の行使を超えた、国家のもうひとつの顔に他ならない。それは国家の権力行使に対して人びとがすすんで服従することのできる正統性 (legitimacy) の根拠を表すものなのである。そこでウェーバーは、支配の正統性を3つあげている。

支配の正統性

ウェーバーは、こうした支配の正統性には、①合法的支配、②伝統的支配、③カリスマ支配という3つのの純粋型があるとし、それらの正統性の妥当は、主としてつぎのような性格をもつことがあると述べている。

①合理的な性格をもつ。つまり、成分化された秩序の合法性、およびこの秩序によって支配をおよぼす権限をあたえられた者の命令権の合法性にたいする信念にもとづく(合法的支配)。——あるいは、②伝統的な性格をもつ。——古くよりおこなわれてきた伝統の神聖や、それによって権威をあたえられた者の正統性にたいする日常的信念にもとづく(伝統的支配)。——あるいは最後に、③カリスマ的な性格を持つ。つまり、ある人物およびかれによって啓示されるか制定された秩序のもつ、神聖さとか超人的な力とかあるいは模範的資質への非日常的な帰依にもとづく(カリスマ的支配)。(マックス・ウェーバー『権力と支配』濱嶋

朗訳、講談社学術文庫、30頁）

　したがって、ウェーバーの支配の類型を、それぞれつぎのように表す
ことができる。「合法的支配」とは、近代の官僚制支配にみられるよう
に、ある権力行使が現存する実定法に準拠していることで正統化される
場合を表している。「伝統支配」とは、家父長制にみられるように、あ
る権力行使が過去からの歴史的な継続性によって正統化される場合を表
している ⁽¹⁾。「カリスマ的支配」とは、革命期におけるデマゴーグや英
雄の台頭にみられるように、ある権力行使が支配者の天与の資質によっ
て正統化される場合をあらわしている⁽²⁾。

　たとえば、現代国家における物理的暴力（軍事力・警察力）においては、
合法的支配の立場から、現行法の手続きにしたがって行われるのが一般
的である。このことは、たとえ国家だけに物理的暴力の独占が認められ
ていたとしても、その行使はつねに法によって制限されなければならな
い、ということを意味している。では、ここでいう法を制定するのは誰
なのであろうか。こうした理念の基礎には、「社会契約」の思想がある
といえる。

　こうしたウェーバーが定義する支配の正統性の三類型は、あくまでも
「理念型」という分析概念であり、それらは必ずしも支配の時代区分を
あらわしているわけではない ⁽³⁾。むしろ現実の支配形態はそれらの混
合から成り立っているのが一般的であって、それゆえこの支配の三類型
は、そうした複雑な現実を分析する視点を提示したものに過ぎない。と
はいえ、ウェーバーが近代の支配形態として、「合法的支配」の優位性
を認め、さらにその特殊な形態である官僚制の弊害を制御するために、
カリスマ的な職業政治家の登場を期待していたことを強調しておきたい。

政治と倫理

　そもそもウェーバーは、「政治」をどのように考えていたのであろう
か。もし国家が暴力を行使する「権利」をもつ唯一の源泉であるとすれ
ば、国家間あるいは国家内で営まれる「政治」とはどう理解すべきであ

90

ろうか。そして、その「政治」をカリスマ的な職業政治家になぜ託さなければならないのであろうか。ここで、政治と政治家の関係について考えてみることにする。

　ウェーバーによれば、「政治」という語は、「複数の国家のあいだで、あるいは国内の複数の人間集団のあいだで、権力の分け前を求めて、あるいは権力の配分を求めて争われる営みであると定義することができる」としている。こうした政治の舞台で権力の分け前と配分をめぐって争うのが政治家ということになるが、ウェーバーは国家を運営する政治家に対して特殊な倫理を求めている。というのは、政治的な問題を解決するために、最初から政治家が「暴力」を行使すれば、いたずらに国家の混乱を招きかねないからである。「暴力」は政治家にとって、あくまでも最終的な手段でなければならない。もちろん、ウェーバーは、政治家の「暴力」の行使を完全に否定しているわけではない。

　ウェーバーは、政治家に対して特殊な倫理を求めている。それは「信条倫理」と「責任倫理」である。この2つの倫理について、ウェーバーは、つぎのように明確に論じている。

　これが決定的な点です。最初に明確にしておくべきことは、すべての倫理的な行動は、二つの根本的に異なり、たがいに両立することのできない原則に基づいているということです。倫理的な行動は「信条倫理的な」行動であるか、「責任倫理的な」行動であるかのどちらかなのです。信条倫理的な行動は無責任であるとか、責任倫理的な行動は信条を欠いているということではありません。もちろんそんなことはありません。しかし、信条倫理的な原則にしたがって行動するか（宗教的に表現すれば、キリスト教として正しく行動することだけを考え、その結果は神に委ねるということです）、それとも責任倫理的に行動して、自分の行動に（予測される）結果の責任を負うかどうかは、深淵に隔てられているほどに対立した姿勢です。（マックス・ウェーバー『職業としての政治』中山元訳、131頁）

　ウェーバーによれば、政治家は自らの信条をもつべきであって（信条

倫理）、それを実現するために「暴力」を行使することもできるが、それによってもたらされる結果に対しても責任を負うべきである（責任倫理）とされている。つまり権力と暴力を手段として使う者、すなわち政治を職業としようとする人びとは、悪の権力と手を結ぶ存在である以上、この倫理的なパラドックスを忘れてはならないし、またこのパラドックスの圧力のもとで、自分自身がどうなりうるのかという問題に対する責任も忘れてはならないとウェーバーは主張している。

政治家の資質

ウェーバーは、「計り知れない感動を受けるのは、結果にたいする責任を実際に、しかも心の底から感じていて、責任倫理のもとで行動する成熟した人である」と述べている。では、われわれは「信条倫理」と「責任倫理」の関係をどう理解したらいいのであろうか。ウェーバーによれば、信条倫理と責任倫理は絶対に対立するものではなく、たがいに補うものであり、それにより「政治を職業とする」ことのできる真の人間を作り出すものであるとしている。

ウェーバーは、政治家にとって重要な資質を3つあげている。情熱と責任と判断力である。そのうえで、政治家の仕事について、「情熱と判断力の両方を使いながら、堅い板に力をこめて、ゆっくりと穴を開けていくような仕事である」と述べている。さらに政治家の資質について、ウェーバーはより踏みこんでつぎのように述べている。

世界のうちで不可能と思われることに取り組むことがなければ、いま可能と思われていることも実現できないことはたしかですし、歴史が示す経験からも、それは確かなことです。しかしこれをなしうるのは、指導者でなければならないのであり、たんに指導者であるだけでなく、素朴な意味で英雄でなければならないのです。そして指導者でも英雄でもない人は、すべての希望が挫折しても耐えることのできる心の強靱さを、今すぐにそなえなければなりません。そうでなければ、今可能であることでさえ、実現できないでしょう。現実のうち

で貢献しようとしているものと比較して、世界でどれほどに愚かで卑俗にみえたとしてもくじけることのない人、どんな事態に陥っても、「それでもわたしはやる」と断言できる人、そのような人だけが政治への「召命（ベルーフ）」「天職」を備えているのです。（マックス・ウェーバー『職業としての政治』中山元訳、日経BPクラシックス、156–57頁）

17世紀になって、君主の絶対主義的な力が強まると同時に、君主による直接的な支配は次第に衰退し、専門的な訓練をうけた官僚による支配が台頭するようになった。こうして、ウェーバーのいう「合法的支配」が正統性をもつようになったのである。当時議会では、官僚制が肥大化し、その権力が強まっていたが、こうした官僚の力に対して、議会はそれを抑制する意志も力ももちあわせていなかった。当然の流れとして、官僚制の肥大化（官僚支配）に対する「指導力あるカリスマ的な政治家」というものが求められるようになったのである。

なぜ国家（議会）運営において官僚支配はだめなのか。ウェーバーは官僚と政治家の仕事は、本来異なるべきであると考えていたからである。真の官僚は、職業として政治活動に従事すべきではなく、専門的能力に基づき、非党派的にすべての当事者に公平に職務（行政）を遂行すべきである。一方、政治家は議会での討論を通して、ほかの政治家や党派と闘い、いや闘わざるをえないもので、国家運営に対して最終的に責任をもつことが使命である、とウェーバーは主張するのである⁽⁴⁾。

ウェーバーは、国家運営に対して最終的に責任をもつことが政治家の使命であると述べている。大衆民主主義の発展にともない、政党もまた官僚化し、官僚による政党支配がはじまることになる。ウェーバーによれば、議会に所属しない「本職の」政治家が、政党を支配するようになる。こうした政治家は「実業家」として（アメリカの政党の「ボス」やイギリスの選挙代理人などの人物）、あるいは固定支給の支払いをうけた党官僚として活動する。こうした議員でもない政党のボスや党官僚によって政治が決まってしまうのは、民主主義とはいえない。では、どのような政治家のもとで民主主義は進むべきだと考えていたのであろうか。ウェーバーは、

民主主義のとるべき選択肢について、つぎのように述べている。

> 結局のところ、道は二つしか残されていません。「マシン」を使った指
> 導者のもとでの民主主義か、それとも指導者のいない民主主義化の
> どちらかなのです。第二の［指導者のいない民主主義の］道は、召命を
> うけていない「職業的な政治家」、指導者になるためには不可欠な内
> 的なカリスマのない政治家に支配されることを意味します。この道
> は党内の反対派からは、「派閥」の支配と呼ばれることが多いもので
> す。(マックス・ウェーバー『職業としての政治』中山元訳、日経BP社、110頁)

ウェーバーがもとめた民主主義とは、「指導者民主主義」であった。
いわば政治への「召命」「天職」を備えたカリスマ的な指導者が、国民の
直接選挙で選ばれ、国家運営に最終的に責任を持つことに大きな期待を
抱いたのである。こうしたウェーバーの議論をさらに推し進めたのが、
ドイツの法学者・政治学者カール・シュミット (Carl Schmitt 1888–1985) で
あった。かれは民主主義の本質は「同一性」であると述べている。シュ
ミットによれば、純粋な民主主義とは、治者 (代表者) と被治者 (国民) と
の間の完全な同一性であり、同一性を確認するためには、指導者に対す
る国民による「拍手喝采」(歓呼賛同) があれば十分であるとした。
　ウェーバーやシュミットの民主主義に関する議論は、民主主義につき
まとうカリスマ的指導者、独裁者、ポピュリストといった負のイメージ
でとらえがちであるが、たとえその内容が今日では容認されないような
ものであれ、指導者不在で議会が機能不全におちいった場合、われわれ
にとるべき選択肢はあるのであろうか、という重要な問題をつきつけて
いる点を忘れてはならない。

注

(1) 家父長制は、父系の家族制度において、世襲により絶対的な家長権
　　を受けついだ長子が、家長として、家族構成員を統率・支配する家

族形態で、伝統的支配の典型例として挙げられているもので、第一次的には家共同体を前提としているが、その延長線上にある種の支配形態をさすものである。

(2) デマゴーグとは、虚偽やごまかしを含む情報（デマ）の伝達によって、大衆の偏見・感情に情緒的な働きかけを行い、大衆の支持を動員し、政治的目的を達成しようとする扇動的政治家をいう。

(3) 理念型とは、ウェーバーの社会科学方法論の基礎的概念の一つ。特定の社会現象の中から本質的特徴を抽出し、それらを論理的に組み合わせた理論的モデルである。

(4) 第 5 章で、現代の政治的課題として、以下の点をあげている。官僚はあくまでも専門家であって、政治家のような国民代表では決してなく、現代では、行政国家そのものの正統性が問われており、それゆえ「政治主導」が叫ばれるようになった。

〔参考文献〕

・ウェーバー、マックス『権力と支配』濱嶋朗訳、講談社学術文庫、2012 年。
・ウェーバー、マックス『職業としての政治』中山元訳、日経 BP クラシックス、2018 年。
・マキアヴェッリ、ニッコロ『君主論』佐々木毅訳、講談社学術文庫、1995 年。

第7章

社会契約の思想

【絶対王政時代の歴史】

1603　英、ジェームズ1世即位（～25）

1625　英、チャールズ1世即位（～49）

1628　独、ドイツ三十年戦争（～48）

1628　英、権利の請願

1642　英、ピューリタン革命開始（～49）

1643　仏、ルイ14世即位（～1715）

1648　ウェストファリア条約

1651　英、ホッブズ『リヴァイアサン』刊行

1680　英、フィルマー『パトリアーカ』刊行（執筆1630～40頃）

1688　英、名誉革命（～89）

1688　英、権利の章典公布

1690　英、ロック『統治二論』刊行

1715　仏、ルイ15世即位（～74）

1762　仏、ルソー『社会契約論』刊行

1769　英、アークライトの水力紡績機発明

1776　英、アダム・スミス『諸国民の富』刊行

1789　仏、フランス革命開始

1　近代国家の誕生

　社会契約論は、17・18世紀において、ホッブズ（Thomas Hobbes 1588–1679）、ロック（John Locke 1632–1704）、ルソー（Jean-Jacques Rousseau 1712–78）に代

表される思想家によって展開された合理主義的な政治理論である。[1] 社会契約論とは、これまでの政治社会（国家）がもっていた伝統的・神秘的な構成要素あるいは封建的な身分制秩序を否定し、政治社会（国家）の成立を自由で平等な個人間の相互契約に求め、それによって政治権力の正統性を説明しようとする理論である。

　近代のはじめ、ルターやカルヴァンたちの宗教改革により教会権力が衰えると、16・17世紀のヨーロッパでは、強力な王権が支配する絶対主義的な国家、すなわち絶対王政が誕生するようになった。絶対王政を公然と唱える国王は、国家における王権を正統化するために、「君主主権論」や「王権神授説」を信奉した。[2] ホッブズ、ロック、ルソーの社会契約論に入る前に、こうした絶対王政の時代の歴史やそれを支えていた政治思想・理論をまず知っておく必要があろう。

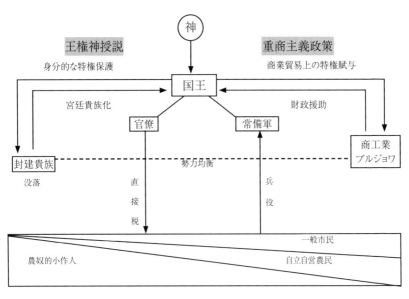

図 25　絶対王政の仕組み

主権国家と絶対王政の時代

16・17世紀のヨーロッパは、ルターやカルヴァンの宗教改革により教会権力が衰退する一方で、王権を中心に権力の集中化が進行した。そして、こうした主権の拡大に対して、伝統的な権利を擁護する貴族たちが激しく抵抗した時代でもあった。16世紀後半から17世紀中頃にかけて、宗教改革によりローマ・カトリック教会の分裂が決定的なものとなると、旧教徒（カトリック派）と新教徒（カルヴァン派）との対立が大きな原因となり、西ヨーロッパの国々を巻き込んだ宗教戦争へ発展していった。

フランスでは、ユグノー戦争（1562-98）が勃発すると、旧教徒による新教徒（ユグノー）への迫害が激しくなり、ついに1572年サン＝バルテルミ祭日に旧教徒が新教徒を虐殺する事件が起こった。[3] 新教徒の貴族たちは、旧教徒と結びついた国王権力（王権）に対して「抵抗権」を発動した。[4] かれらは、「正義や神の法を踏みにじった王はもはや王ではなく暴君である」と断じ、こうした王を打倒する権利として抵抗権を主張したのである。

こうした抵抗権論者は「モナルコマキ（暴君放伐論者）」と呼ばれ、かれらの国家権力への抵抗権の根拠は、具体的には封建的な「統治契約」の論理に基づいていたが、「良心の自由」の立場から、王もまた「神の法」に従わなければならないという宗教的な論理も含まれていたのである。

君主主権論——ジャン・ボダン

ユグノー戦争によってフランスの国家が解体の危機に瀕するなか、フランスの政治思想家ジャン・ボダン（Jean Bodin 1530-96）は、無政府状態を最悪の状態と考え、「主権」という概念を用いて、国家のもつ絶対的権力の優位性を主張することで秩序の回復を図ろうとした。ボダンは、『国家論』(1576) の冒頭において、「国家とは、多くの家族とその間での共通の事柄の、主権を伴った正しい統治である」と述べて、「主権論」を定式化し、国家権力を教皇権から切り離し、「主権」は君主に従属すべきものとして絶対君主を擁護したのである。

ボダンによれば、「主権」とは、"国家の絶対的で永久的な権力"であ

り、それゆえ「主権者」は、ほかの権力に従属しない"最高にして独占的な権力"をもつ。したがって、「主権者」は、法の創造主として、法に拘束されることはなく、自由意志によって臣民に法律を与える権力をもつことになる。中世におけるローマ教皇や神聖ローマ皇帝の普遍的支配権を否定したという点において、ボダンの考え方はきわめて近代的な主権国家論を提示したものといえる。

　近代国家の誕生は、16・17世紀における西ヨーロッパ世界の絶対王政と呼ばれる政治体制の成立からはじまる。イギリスでは、ジェームズ1世（在位1603–25）が国王になると、「王権神授説」を信奉し、議会を無視して対立を深め、特許商人に独占権を与えるなど、絶対王政を公然と唱えはじめたのである。「王権神授説」は、16・17世紀のイギリス・フランスにおいて、当時の絶対主義国家の君主権力（王権）を正統化する政治思想として、君主の間で信奉されていたのであった。では、「王権神授説」とは、どういう内容を含んだ思想であったのであろうか。

王権神授説――フィルマー

　「王権神授説」は、とりわけ17世紀のイギリスの政治思想家フィルマー（Robert Filmer 1589–1653）の『家父長君主論（パトリアーカ）』によくあらわされている。フィルマーは、この著作のなかで、「王権神授説」について、つぎのように述べている。

> アダムが天地創造によって全世界に対して持ったこの支配は、そして権利によってアダムから継承した家父長たちがまさに享受している支配は、創造以来存在するどのような君主の絶対的な支配権とも同じ大きさと広がりを持つものであった。（フィルマー『フィルマー著作集』
> 「家父長制君主論（パトリアーカ）」伊藤宏之・渡部秀和訳、京都大学学術出版会、15頁）

　フィルマーの「王権神授説」は、"国王の支配権がいかに正統なものであるか"をキリスト教の「聖書」を根拠にして主張された政治理論である。つまり、国王の権力は、神がアダムに与えた家父長としての絶対

権を代々受け継いだものであり、それは神によって設定されたものであるとする理論である。わかりやすく言うならば、神はアダムにのみ地上（天地創造による全世界）を支配する権利を与えたのであり、そのアダムの末裔である家父長たる各国の君主は、それゆえ絶対的な権力をもつという考え方である。なぜフィルマーは「王権神授説」を主張したのか。当時、中世にはじまるスコラ哲学(5) 以来、さまざまな学者や神学者が人間の自由について語るようになった。フィルマーは、こうした議論を極めて危険なものと考え、つぎのように述べている。

> スコラ哲学が栄え始めた時以来、様々な他の学者と同じように神学者によって次のことが共通の意見として主張されるようになっている。「人類は、生まれながらに全ての従属からの自由を付与され、許され、好むままに統治形態を選ぶ自由を持ち、誰かある人が他の人に対して持つ権力は、最初は、人間の権利によって、民衆multitudeの深慮分別に従いながら授与されたものである」。(フィルマー『フィルマー著作集』「家父長制君主論（パトリアーカ）」伊藤宏之・渡部秀和訳、京都大学学術出版会、5頁)

　フィルマーは、「自由への欲望が、アダムの墜落の原因だったことを思い起こすべきだ」として、自由への賛美をきわめて危険なものと考えていた。そして、新旧両教徒の熱心な支持者に対してもまた、教義の基礎のうえに「人民ないし民衆は、もし君主が王国の法を侵害すれば、その君主を処罰し放逐する権力を持っていると」という危険な結論を打ちたてようとしているとし、「モナルコマキ（暴君放伐論）」を唱える抵抗権論者を厳しく批判するのであった。
　したがって、フィルマーの「王権神授説」は、「人民の生まれながらの自由」や「神は、人民、もしくは民衆にたいして権力を与えたという説」を批判し、「王権に対する人民の抵抗権」を否定することで、君主のもつ強力な王権を正統化し、絶対王政による政治秩序の維持・安定を図ろうとするものであった。そこには、「家族」を国家の構成要素の最

小単位とし、それを基礎にして宗教的・自然的に絶対主義国家が形成されるとするフィルマーの思想を読みとくができる。

　このような「家族」を国家の構成要素の最小単位とみなす考え方は、アリストテレス以後の政治思想では一般的であった。共同体的存在である人間にとって、「家族」はごく自然な共同社会の最小単位であるとみなされていたのである。ところが、社会契約の思想は、こうした「家族」を国家の構成要素とする宗教的・自然的な国家形成の論理に対して、「個人」を国家の構成要素とする科学的・人為的な国家形成の論理を展開するものであった。

　社会契約説は、イギリスのホッブスとロック、フランスのルソーに代表される思想であり、政治社会（国家）は自然状態（自由・平等・独立した個人）から個人間の相互契約（同意あるいは合意）によって成立したものであるとする考え方である。つまり、これらの思想家たちは、国王のもつ絶対的な権力を否定するために、新しい国家形成の原理を提起したのであった。ホッブ、ロック、ルソーの社会契約論をそれぞれ考察する前に、社会契約の基本的な考え方（論理構成）を理解しておこう。

2　「統治契約」と「社会契約」

　政治思想史において、契約説そのものは必ずしも新しい考え方ではなかった。中世ヨーロッパの封建社会において、国王が支配する国といっても、領地があるだけで、国境も国土も国民も存在していなかった。その支配もまた、支配服従関係に基づく国王と領主（貴族）との双務的な契約に依拠していたに過ぎなかった。その契約関係は、国王の「土地の貸与」と領主の「軍事的奉仕」を相互に取引する個人的な契約関係に基づくもので、いわゆる「統治契約」と呼ばれていた。

　国王と領主との個人的な「統治契約」は、身分制社会にみられるように、垂直的な人間関係（支配－服従関係）によって成立していたが、その契約関係は流動的なものであった。というのは、国王だけでなく領主も軍事力を持っており、現代社会のように国家が権力を独占する、いわゆる

「暴力の独占」が行われていたわけではなかったからである。

　さらに、国王と領主の契約関係は、伝統や慣習に基づく「古き良き法」に規定されていたため、国王による契約の不履行は決して許されるものではなかった。1215年、イギリスのジョン王の悪政に対し、貴族が団結して王に認めさせた大憲章（マグナ・カルタ）は、国王といえども、貴族との契約関係を不履行にすることは決して許されないとして、改めて国王が遵守すべき法を明確化したものであった。この大憲章は、「課税に貴族の同意を必要とすること」や「法による支配」を明文化した点において、イギリス憲法のはじめとなったのである。

　中世末期、絶対的であった教会の権威が衰え、近代のはじめに国王権力の絶対化が進むと、国王は領主（貴族）との双務契約（統治契約）を破棄し、契約不履行を一方的に行うようになった。16世紀後半、これに対して貴族たちは、「モナルコマキ（暴君放伐論）」と呼ばれる抵抗運動を展開した。国王権力への抵抗運動の根拠は、中世の封建的な「統治契約」の論理に基づくものであったが、国王権力もまた「神の法」に従わなければならないという点では、宗教的な論理も含まれていたのである。こうした考え方は、あくまでも中世の封建社会の身分制秩序、つまり垂直的な人間関係を前提にしたものであり、決して新しい時代の思想や理論を展開するものではなかった。

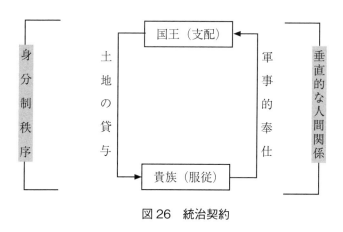

図26　統治契約

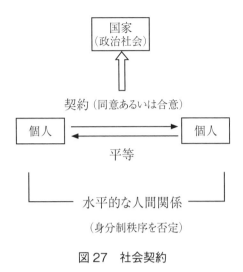

図27　社会契約

　これに対して、「社会契約」は、封建社会の身分制秩序を否定することから生まれた考え方で、すべての自由で平等な個人の間の水平的な契約関係から国家の成立を説明しようとする思想であった。それは、「もし国家が存在しなければ人間はどのような状態に置かれるのか」という仮説的な問題設定から出発する。この国家の存在しない状態が「自然状態」と呼ばれるものであるが、そこでは、「家族」という人間の共同性はすべて否定されており、「個人」という国家の構成要素が析出されることになる。

社会契約とは

　社会契約論は、一般的に人間の「自然状態」というものを仮説的に設定するところからはじまる。この場合、「自然状態」とは“国家（政治社会）の存在しない状態”をさす。「自然状態」における人間は平等な「個人」と想定され、国家のない「自然状態」でも、人間は生まれながらにしてもつ権利として「自然権」が与えられている。つまり「自然状態」における個人は、国家からの拘束を受けないという意味では自由であるが、同時に国家による保護を受けなられないという意味では不自由

な存在となる。

　しかし、社会契約論者はそれぞれ自分の考えに基づいて、人間の「本性」を設定している。人間の「本性」とは、"人間が生まれながらに持っているもの"であるが、それは「自然権」として認められている。ホッブズは、人間の本性にしたがって、「自然権」を行使すれば、互いに争いあうことになると考えていた。ロックは、人間の本性のなかに「生命・自由・財産」の対する所有権を「自然権」として認めており、それゆえ自然状態では争いはなく、平和な状態と考えていた。ルソーは、自然状態における人間こそが他者に対する「憐みの情」をもっているとし、自然状態を理想的な状態と考えていたのである。

　ホッブズ、ロック、ルソーの社会契約論は、「自然状態」のとらえ方や「自然権」の定義においてそれぞれ相違点があるのは、かれらが生きた時代の政治社会の変容や思想に大きく影響されているからである。しかし、「自然状態」や「自然権」のあり方に違いがあるとはいえ、「自然状態」における矛盾を解消するために、いわゆる「戦争状態」を「平和な状態」にするために、相互に「契約」を結ぶという自然状態→社会契約→社会状態の論理構成の流れは同じである。

　社会契約とは、人間が生まれながらにもっている権利（自然権）を保証するために、平等な個人の間での相互契約によって第三者機関（つまり国家）を設立することをいうわけであるが、こうした国家形成の論理構成はあくまでも人為的なものである。そして、国家を人びとの合意によって形成されるものとみなす考え方は、近代民主政治の基本的な原理にもなっているのである。こうした社会契約の論理を確認するうえで、つぎにホッブズ、ロック、ルソーの社会契約の思想をそれぞれ考察していくことにする。

注

（1）合理主義とは、人間の理性を認識の出発点とし、そこから論理的に結論を導きだそうとする行動思考・様式をいう。

(2) 君主論とは、主権概念のなかで、歴史的にもっとも古いもので、主権を君主に帰属させることによって、君主の意思が国家の最高かつ絶対的な意思であるとする原理である。国民主権とは対立する概念である。

(3) ユグノーとは、フランスのカルヴァン派新教の呼称で、"同盟者"という意味とされる。

(4) 中世では、封建制が社会秩序の根幹をなしており、それは「統治契約」という双務契約に基づく支配服従関係によって成り立っていた。もし支配者（国王）がこの双務契約を一方的に破った場合、もう一方の契約者である服従者（貴族）は、契約不履行の支配者に対して抵抗し反抗しうる権利を"抵抗権"という。革命権が非合法的な暴力的手段による反抗までを是認するのに対し、抵抗権はあくまでも合法の枠内での抵抗や反抗を行使できる権利と考えられている。

(5) スコラ哲学のスコラとは、教会・修道院に附属する学校のことで、英語の school の語源になったラテン語で、スコラで研究され教えられた哲学・神学をスコラ哲学という。その内容は、主としてキリスト教の教義を学ぶ神学を、ギリシア哲学（とくにアリストテレス哲学）によって理論・体系化された、13・14 世紀のヨーロッパの哲学・神学をいう。

〔参考文献〕

・佐々木毅『主権・抵抗権・寛容――ジャン・ボダンの国家哲学』、岩波書店、1973 年。
・フィルマー『フィルマー著作集』「家父長制君主論（パトリアーカ）」伊藤宏之・渡部秀和訳、京都大学学術出版会、2016 年。

第8章

ホッブズの社会契約論

1 ホッブズの思想とその時代

ピューリタン革命

　イギリスの哲学者トマス・ホッブズ（Thomas Hobbes 1588–1679）は、哲学・歴史学から幾何学・物理学とあらゆる学問に精通した、いわば時代を代表する知識人の一人であった。とくにガリレイの新しい物理現象の解明や血液循環説を唱えた医師ウィリアム・ハーヴェイの人体の解明、そしてエウクレイデスの幾何学に強い影響を受けていた。かれの生きた時代は、国王と議会とのあいだで高まった緊張がピューリタン革命（1640–60年）へと発展し、イギリス社会は長い混乱状態におちいっていた。

　ホッブズの最初の著作は、意外なことに古代ギリシアの歴史家トゥキュディデスの『戦史』の翻訳であった。イギリス国内における国王勢力と議会勢力の抗争を、古代ギリシアのアテナイとスパルタの戦いに重ね合わせ、「なぜ戦争は引き起こされたのか」「いかにすれば平和は維持されるのか」という問題提起は、この翻訳を通してホッブズが得ようとしたものであったのかもしれない。ホッブズは、国王勢力と議会勢力の対立が激化し、ついにピューリタン革命の最中に『法学原理』（1640）を出版している。この著作は、国王の絶対主権論を擁護するものだとして、議会勢力から激しい非難を浴び、フランスへの亡命を余儀なくされたのである。

リヴァイアサン

　ホッブズの政治思想は、むしろフランス亡命中に執筆した『リヴァイアサン』(1651) によって世に知らしめることになる。題名の“リヴァイアサン”とは、旧約聖書のヨブ記世40–41に登場する“海の怪獣”をさしており、それは「地上にはかれとならぶものはなく、かれはおそれをもたないようにつくられている。かれはすべての高いものごとを軽蔑し、あらゆる高慢の子たちの王である」と記述されている。

　聖書の“リヴァイアサン”は、人間の力をこえた海の怪獣であるが、神の力はこの巨大な海の怪獣をも倒すものだとされ、神の偉大さを象徴するシンボルとして登場している。一方、ホッブズの“リヴァイアサン”は、神の偉大さを象徴するものというよりも「国家の力」をあらわすものだったと考えられたため、無神論的な (神の存在を否定する) 書として、のちに聖職者から批判されることになる。

　ホッブズの著書『リヴァイアサン』は、ピューリタン革命期において、イギリス本国の内乱状態から、いかにして社会秩序を維持し平和を回復するべきかを、国王勢力にも議会勢力のどちらの勢力にも加担せず、科学的な方法を用いて論理的に分析したものであった。それは、いわばホッブズのフランス亡命の所産であったが、この著作により、かれは有名になり、近代国家論の創始者と呼ばれるようになったのである。

国家の構成要素

　ホッブズは、『リヴァイアサン』において、まず国家の構成要素 (政治を考える基本単位) を個人 (人間) に置くことによって、国家を個人 (部分) に分割し、さらにその個人から国家を形成するという論理を展開している。アリストテレス以後の政治思想家は、国家の構成要素を基本的に「家族」と考えていたために、個人を基本単位として新たな国家を構想することはできなかったのである。ホッブズが近代国家論の創始者と呼ばれるのは、個人を中心にして国家形成の論理を構築した点にあろう。

　ホッブズは、自然状態のなかに個人を置き、個人 (人間) にとって最高の価値は「生命の安全」(自己保存) であり、これを確保するためには、

「平和」が最優先されるべきであるし、それを実現するための論理を社会契約という形で展開したのであった。

近代的自然観の誕生──機械論的自然観

　ヨーロッパ精神世界の支配的な自然観は、近代初頭まで目的論的自然観あるいは有機体的自然観であった。「目的論的自然観」とは、古代ギリシアのアリストテレス以来存在するもので、"身体を含む自然のあらゆる事物の存在と生成変化（現象）には、その事物に内在する目的が原因となって結果を規定する"という考え方である。この自然観は同時に、階層的自然観でもあった。すなわち、自然のあらゆる存在はそれ自身の目的によって、ほかの存在から質的に区別され、一定の階層的秩序のなかにあるものとされた。

　ここにおいては、部分と全体は有機体的な調和と関連のなかにあるものとされた。こうした考え方は、"神が自然をつくり、その自然界では神を頂点とするヒエラルヒーの中に万物が調和的に位置づけられている"と考えるローマ・カトリックの世界観ともうまく調和するところから、中世を通して近代初頭まで、ヨーロッパ精神世界の支配的な自然観であったのである [1]。

　こうした「目的論的自然観」は、近代科学の基礎を築いた17世のガリレオ、デカルト、フランシス・ベーコンらによって痛烈な批判されることになる。かれらは、自然のあらゆる存在と生成変化はそれ自身の目的によってではなく、もっぱら個々の存在の機械論的な相互作用によって決定されるとする見方を提示したのである。

　こうした「機械論的自然観」は、自然のあらゆる現象は均質的な物体の物理的、必然的な因果関係によって成立し、全体は部分の単なる算術的集合にすぎないとする考え方に基づいていた。こうした自然観は、国家の形成論理を、いわゆる自然状態における平等な（原子論的な）の個々人の契約から導出する近代政治思想に大きな影響を与えたのである。

　ホッブズは、主著『リヴァイアサン』(1651) において、近代国家の形成論理を探究している。そこで活用されたのが、17世紀の科学革命にお

いて、ガリレオの分析方法やデカルトの科学論であった。この方法論は、機械論的自然観に基づくもので、あらゆる現象を原因と結果のつながりで理解しようとするものである。まず分析的方法によって全体（結果）が部分（原因）に解体される。そして総合的方法によって部分（原因）がふたたび全体（結果）へと組み立てられる。

　ホッブズは、こうした方法に基づきながら、政治社会＝「国家」の構成要素が「個人」であることを証明する。ここで重要なことは、こうした方法論的個人主義が中世の身分制秩序を否定する科学的な根拠になりうるということである。というのは、神を頂点とするヒエラルヒーのなかに万物が調和的に位置づけられているという、これまでの目的論的自然観（有機体的自然観）もこうした方法によって否定されているからである。

	目的論的自然観 （有機体的自然観）	機械論的自然観
自然観	・万物はそれ自身の目的（本質）によって、他の存在から質的に区別される。そして、それは、神を頂点とするヒエラルヒーのなかに万物が調和的に位置づけられているとする考え方	・あらゆる現象を原因と結果のつながりで理解しようとする考え方 ①「分析的方法」 　全体（結果）➡部分（原因）に解体される ②「総合的分析」 　部分（原因）➡全体（結果）へと組み立てられる
国家の構成要素	家族（人間の共同体性）	個人（方法的個人主義） ➡中世の身分制秩序を否定する科学的根拠になりうる
正当化の論理	宗教的・自然的な正当化の論理	科学的・人為的な国家形成の論理
宇宙観	天動説（教会公認の学説）	地動説（ガリレイ・ニュートンなど）

図28　目的論的自然観と機械論的自然観

2 ホッブズの社会契約論

国家の生成

ホッブズは、社会契約という用語を最初に考案した思想家ではない。しかし、社契契約という考え方の発想を提供したのはホッブズであった。では、かれの考える社会契約とはどういうものであったのか。本題に入る前に、まずかれの著作『リヴァイアサン』の「コモン－ウェルス（国家）の生成」という箇所を読んでみることにする。

《コモン－ウェルスの生成》かれら（生まれつき、自由と、他人に対する支配とを愛する人びと）を外国人の侵入や相互の侵害から防衛し、それによってかれらの安全を保証して、かれらが自己の勤労と土地の産物によって自己をやしない、満足して生活できるようにするという、このような能力のある共通の権力を樹立するための、ただひとつの道は、かれらがすべての権力と強さとを、ひとりの人間に与え、または、多数意見によってすべての意志をひとつの意志とすることができるような、人びとのひとつの合議体(アセンブリ)に与えることであって、そのことは、次のようにいうのとおなじである。すなわち、ひとりの人間または人びとの合議体を任命し、自分たちの人格をになわせ、また、こうして各人の人格をになうものが、共通の平和と安全に関することがらについて、みずから行為し、あるいは他人に行為させるあらゆることを、各人は自分のものとし、かつ、かれがその本人であることを承認し、そして、ここにおいて各人は、かれらの意志をかれらの意志に、かれらの判断をかれの判断に、したがわせる、ということでる。（ホッブズ『リヴァイアサン』2、水田洋訳、岩波文庫、32-33頁）

自然状態と自然権

ホッブズは、科学的な方法論により、人間（個人）や政治社会（国家）を抽象化し、国家設立の論理を探ろうとしたのである。したがって、かれのいう「自然状態」とは、あくまでも抽象的かつ観念的で仮説的な状

態にすぎない。つまり、ホッブズの設定する「自然状態」とは、くり返し述べるが、"国家が存在しない状態"で、いわゆる文明が誕生する前の状態をさしている。ホッブズは、「自然状態」のイメージについて、つぎのように述べている。

> 各人が各人の敵である戦争の時代の……人びとが自分自身のつよさと、自分自身の工夫が与えるもののほかには、なんの保証もなしに生きている時代の、帰結としても生じる。そのような（自然）状態においては、勤労のための余地はない。なぜなら、勤労の果実が確実ではないからであって、したがって土地の耕作はない。航海も、海路で輸入されうる諸財貨の使用もなく、便利な建築もなく、移動の道具およびおおくの力を必要とするものを動かす道具もなく、地表についての知識もなく、時間の計算もなく、学芸もなく文字もなく社会もなく、そしてもっともわるいことは、継続的な恐怖と暴力による死の危険があり、それで人間の生活は、孤独でまずしく、つらく残忍でみじかい。（ホッブズ『リヴァアサン1』水田洋訳、211頁）

国家（共通権力）が存在しない状態、文明以前の「自然状態」に生きる人間は、つねに恐怖と暴力による死の危険に脅かされ、孤独で貧しく、

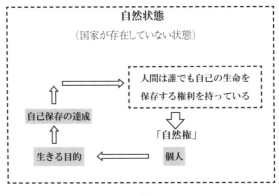

図29　自然権

つらく残忍で、しかも短い生涯を送ることになる。"なぜそうなるのか""この悲惨な状況からどうやって逃れることができるのか"。ホッブズはまず「自然状態」のなかに生きる人間は、自由で心身の諸能力において平等な「個人」と想定し、かれらの目的はあくまでも「自己保存の達成」にある。つまり、人間はだれでも自分の生命を保持する権利を有しており、ホッブズはそれを「自然権」と呼んでいる。それは、自分の生命のためなら他者に対して何をやってもよい権利なのである。

自然法

戦争状態がつづく悲惨な「自然状態」においても、不十分ながらも「自然法」は働いている。自然法とは、"理性によって発見された戒律すなわち一般法則"をさす。自然状態の最初の段階における自然法は、「各人はおのれに備わった自然権（自己保存の欲求）にしたがって、自分の生命を守れ！」そして「平和を求め、それにしたがえ」という程度の法であった。「自分の生命を守れ」という自然法にしたがえば、食べ物の確保が人間（個人）にとっての最大の関心事となる。

ところが、「自然状態」において、人間は自らの労働によって食料を生産していないために、食べ物の総量は限られてしまう。その結果、希少な食べ物（財）をめぐって人間同士で奪い合い、殺し合いがつづくこ

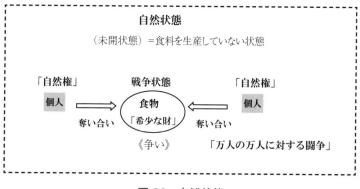

図30　自然状態

とになる。というのは、だれにも生きる権利が与えられているために、自分が生きることがまず優先させることになるからである。つまり、国家の存在しない「自然状態」のなかで、各人がおのれの自然権を行使すれば、必然的に他者の自然権との衝突（戦争状態）をもたらすことになってしまう。ホッブズは、こうした状態を「万人の万人に対する闘争」と表現している。

こうした自然状態において、各人には自己保存のための自然権が与えられており、その自然権を各人が行使すれば、同時に自分の生命も脅かされるという逆説的な状況を生み出すことになる。ホッブズは、こうした矛盾した状況を回避するために、自然法はあらたな戒律を各人に課すことになると述べている。

ホッブズによれば、自然法は、平和が獲得できるところでは、「平和を求め、それにしたがえ」という戒律を人間に課すが、平和が獲得できないところでは、「防御の方法をとれ」という戒律を人間に課すという。つまり、自然状態が戦争状態となっている状況では、自然法は「平和」

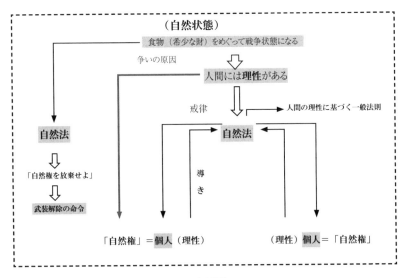

図31　自然法

と「自己防衛の達成」のために、各人に「自然権を放棄せよ（防御の方法をとれ）」という戒律を課すことになるのである。自然権の放棄とは、人間が自分の力で自分の生命を守ることをやめること、つまり武装解除の命令にほかならない。

共通権力の設置

　各人は、自然状態が戦争状態になっている状況で、「平和」と「自己防衛」を達成するためには、「他の人もそうするだろう」という前提のもとで、自然権を放棄する以外に方法はない。「おまえが放棄するなら、おれも放棄する」という形で自然権を放棄するわけだが、あくまでもそれは相互の信頼による信約（一種の契約）に基づいているにすぎない。ところが、自然法には「実質的な拘束力」がないために、武装解除の命令に従わない（信約を無効にする）人間が現れる可能性がある。ではどうすれば、この信約を互いに守ることができるのか。ホッブズは、この信約を守るためには、「国家（共通の権力）」の設定が必要だとして、つぎのように述べている。

　　《相互の信頼による信約が、無効なばあい》当事者のいずれもが現在は履行せず、相互に信頼するという、信約が結ばれるとすれば、まったくの自然状態（それは各人の各人に対する戦争の状態である）においては、なにかもっともな疑いがあれば、それは無効となる。しかし、もし双方のうえに、履行を強制するのに十分な権利と強力を持った共通の権力が設定されていれば、それは無効ではない。（ホッブズ『リヴァイアサン』1 水田洋訳、岩波文庫、226頁）

　ホッブズは、この信約を守るためには、人びとに強制する権力装置、いわゆる「共通権力（国家）」の創設が必要であると説いている。つまりホッブズは、各人の「生命の安全」（平和）と「国家の安全」（防衛）を守れるよう、「主権者」に絶大な力を与えよ、と述べているのである。ホッブズによれば、「共通権力」はひとつの人格であって、この人格を担う

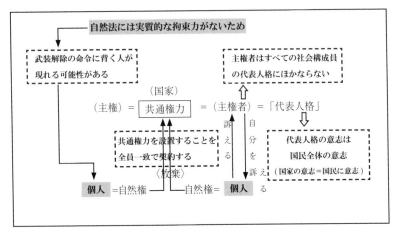

図32　共通権力の設置

ものは、「主権者」と呼ばれ、「主権」をもつといわれるのであり、他の
すべての者は、かれの臣民である。では、「共通権力」を担う「主権者」
(代表)とはいったい誰をさすのであろうか。

　ホッブズは、「主権者」(代表)というのは、ひとりの人間または人びと
の合議体であるが、「主権者」(代表)がひとりの人である場合には、国家
は君主政治であり、あらゆる人びとの合議体であれば、それは民主政治
であり、それが一部分だけの合議体であれば、貴族政治と呼んでいる。
これらの3つの政治形態(コモンウェルス)のなかで、ホッブズは君主政治
が実質的に最善の統治形式だと考えていた。

　ホッブズが、民主政治ではなく、君主政治を実質的に最善の統治形式
だと考えたのは、すでに王権神授説は否定され、それ以前の伝統的な主
権論もまた否認され、君主は天与の支配権を持つわけでもなく、世襲的
に王位継承が認められているわけでもない。それゆえ、君主が人びとの
暗黙の合意を得て支配し、国民はこうした主権者(君主)の力を承認す
る代わりに、生命の安全と社会の維持・安定が得られるとホッブズは考
えたのである。したがって、君主による独裁的な政府であろうと、国民
の合意があるなら、それは正当な政府なのである。

116

イギリスの激しい内戦状況を考えれば、人びとの生命の安全と社会の安定秩序が得られるのであれば、主権者は国王（君主）であっても議会（合議体）であってもかまわない。しかし、より強い権力をもつ国王の方が主権者としてよりよいものであると推奨している。それゆえに、ホッブズはしばしば絶対王政のイデオローグであると非難されたわけである。むしろ重要なのは、いかなる政治形態であれ、主権者（代表）はすべての社会構成員の「代表人格」にほかならず、代表人格の意志は国民全体の意志である。それゆえ「主権者を訴えることは自分を訴えることになる」というホッブズの論理のもつ民主主義的な性格であろう。

　さらにホッブズは、人びとが実定法に従うべきなのは、主権者がすべての社会構成員から法を作る権威を与えられているために、かれが制定した法が正式なものとなり、人びとが服従すべき法となるからである[2]。したがって、主権者が制定する法は自然法に反するものであってはならず、そこには「法の支配」の伝統さえ認められる。しかし、主権者が「法」に背き、自己保存を脅かす命令を下した場合、臣民がそれに抵抗する方法はほとんど残されていない[3]。とはいえ、どれほど抑圧的な社会状態であっても、無秩序な自然状態よりマシであるとホッブズが考えていたことも事実である。

注

(1) ヒエラルヒーとは、中世の封建社会の身分秩序をさすもので、上下関係によって階層的に秩序づけられたピラミッド型の組織体系のことである。

(2) 実定法とは、自然法や神意法のような超経験的・超歴史的なものに基づいて成立する法に対立するもので、人間の意志によって人為的につくりだされた法をいう。とくに立法府の制定した民法・憲法、社会的な慣習法、裁判所の判例法など、経験的・歴史的事実に基づいて成立する法をさす。人間の意志により制定・変更が・破棄ができるものものである。

(3) 法の支配とは、恣意的な支配を排し、主権者といえども自然法およ
び国法の支配に服しなければならないとする、中世以来のイギリス
法の原理である。それゆえ、たとえ悪法であれ実定法には従わなけ
ればならないとする「法治主義」とは厳密に区別されなければなら
ない。

〔参考文献〕

・蔭山宏『カール・シュミット』中公新書、2020 年
・田中浩『ホッブズ』岩波新書、2016 年。
・ホッブズ『リヴァイアサン』水田洋訳、岩波文庫、1954 年。
・ホッブズ『法の原理』田中浩・重森臣広・新井明訳、岩波文庫、2016
年。

── 第9章 ──

ロックの社会契約論

1　ロックの思想とその時代

名誉革命

　イギリスのジョン・ロック（John Locke 1632-1704）は、ピューリタン革命（1642-49）→共和政樹立（1649-60）→王政復古（1660）→名誉革命（1688）という政治的激動の時代を生きた哲学者・政治思想家であった。1685年にイングランド王チャールズ2世が死去すると、その弟ジェームズ（在位1685-88）が王位に就いた。イングランド王ジェームズ2世（在位1685-88）は絶対主義的政策を再建し、イングランドのカトリック化政策を強力に推進しようとしていた。当初からジェームズの即位に異議を唱えていたロックは、ジェームズが王位に就くと、身の危険を感じてオランダに亡命した。

　かつてチャールズ2世を支持していた王党派も、ジェームズ2世がカトリック化政策を押し進めると、イングランドをフランスの支配下に置くものだと批判し、議会と同様、反国王側（1690）に回ったのであった。その結果、王党派と議会派の両派は、1688年、オランダからオレンジ公ウイリアムと妻のメアリ（ジェームズ2世の娘）とを共同統治者として迎え入れ、ジェームズ2世をフランスへ追いやった。この政変が、流血も混乱もなく進行したことから「名誉革命（1688-89）」と名づけられた。名誉革命後、ようやくロックは帰国することができたのであった。

『統治二論』

　ロックの『統治二論』(1689) は、「名誉革命」を正統化するために書かれたものだと長い間考えられてきた。しかし現在では、この本の主要部分は「名誉革命」が起こる前に書き終えていたといわれている。[1]しかも、ロックの『統治二論』は、かれが生きている間にはほとんど注目されることがなかった。この点を考えると、かれを「名誉革命」の思想家と呼ぶことはできない。この著作は、18世紀後半になってようやく、ヴォルテール（Voltaire 1664–1778）やルソー（Jean-Jacques Rousseau 1712–78）などのフランスの啓蒙思想家や、ジェファソン（Jeferson 第3代大統領 1801-09）やマディソン（James Madison 第4代大統領 1809-17）などのアメリカ建国の父たちの間で認められたものであった。その意味では、フランス革命やアメリカ独立戦争に大きな影響を与え、西欧社会の世俗化を促した意義は大きいといえる。

　ロックの『統治二論』が発表されたのは、議会が国王権力を最終的に封じ込めた「名誉革命」の後であったとはいえ、ロックは「名誉革命」が起こる前に、この本の主要部分はすでに書き終えていたことはすでに述べた通りである。しかし、この著作が名誉革命を正統化する内容をすでに含んでおり、現実に国王が人民の同意の下に合法的に政権の座につき、絶対王政によるカトリック化政策という内外における脅威に対して祖国イングランド人民がとった行動を考えれば、ロックを「名誉革命」の思想家と呼んでもよいのかもしれない。

　激動の時代を生きたロックには、イギリスの政治はピューリタン革命→共和政樹立→王政復古→名誉革命とつねに流動的で、その時代に生きる人間はその政治状況から逃げることも、そこから完全に自由になることもできないという不安を抱えて生きていかなければならなかった。ロックもまた同様であった。それゆえ、ロックの政治社会に関する関心は、おのずと「国家の起源とは何か」、「国家がなぜ必要なのか」という問題へ向かっていくことになる。ロックは、ホッブズの自然状態→社会契約→社会状態という理論装置をひきつぎ、個人間の合意＝社会契約に基づいて、国家の成り立ちを説明し、国家存在の正統性を明らかにしよ

うとしたのであった。ただ、ロックは敬虔なプロテスタントであったが
ゆえに、ロックの社会契約論は、神を前提に構築されていることを忘れ
てはならない。

2　ロックの社会契約論

自然状態

　ロックは、ホッブズと同じように、国家（法と権力）のない状態を「自
然状態」と呼び、そこには自由で平等な人間（個人）が生活しているこ
とを想定した。ホッブズが「自然状態」を、「人間の本性にしたがって
人びとが勝手に行動すれば互いに争うことになる」、いわば"戦争状態"
ととらえているのに対して、ロックの想定する「自然状態」は、人びと
が「自然法」に基づいて行動しており、それゆえ争いのない"平和な状
態"ととらえている。

　つまり、ロックの考える自然状態は、ホッブズのように戦争状態では
なく、むしろ反対に平和な状態と考えていた。なぜなら、自然状態にお
いて、人間は自然権を行使するのだが、そこにはすでに自然法の命令が
働いており、他者の自然権との衝突はさほど問題とはされていないから
である。この点について、ロックはつぎのように述べている。

　　自然状態には、これを支配する自然法があり、何人もそれに従わなけ
　　ればならない。この法たる理性は、それに聞こうとしさえすれば、す
　　べての人類に、一切は平等かつ独立であるから何人も他人の生命、健
　　康、自由または財産を傷つけるべきではない、ということを教えるの
　　である。人間はすべて、唯一人の全智全能なる創造主の作品であり、
　　すべて唯一人の主なる神の僕であって、その命により、またその事業
　　のため、この世に送られたものである。（ロック『市民政府論』鵜飼信成訳、岩
　　波文庫、12頁）

　ここで注意しなければならないのは、ロックのいう自然権は、本来的

に各人に帰属する「生命・健康・自由」(固有権) と各人の労働の成果として「財産 (富)」＝「彼自身のもの」(所有権) をさしているということである。簡単にいうならば、自然状態において、個人がもつ自然権を、ロックは「生命・自由・財産」に対する所有権とみなしていたのである。ロックは、「自然状態」における個人 (人びと) と自然法の関係について、つぎのように述べている。

> 人それぞれが、他人の許可を求めたり、他人の意志に依存したりすることなく、自然法の範囲内で、自分の行動を律し、自らが適当と思うままに自分の所有物や自分の身体を処理することができる完全に自由な状態である。それはまた、平等な状態であり、そこでは、権力と支配権とは相互的であり、誰も他人以上にそれらを持つことはない。
>
> (ロック『統治二論』加藤節訳、岩波文庫、296頁)

ロックの想定する人間 (個人) は、ホッブズのように、個人のもつ自然権 (自己保存権) が優先されるがゆえに、希少の財をめぐって他者と争うというよりも、自らの労働によって財を生産するという自給自足的、あるいは勤勉で合理的かつ理性的な人間像に基づくものである。そこにはピューリタン (カルヴァン派の呼称) の労働観 (労働＝職業は神様が定めたこと) が明確に示されている。

自然状態において、各人は自然権を行使するのだが、そこにはすでに「他人の所有権を侵してはならない」という自然法の命令が働いている。ただその場合、自然法の執行は各人の手に託されており、自分の所有権を侵害する違反者に対して、各人は処罰する権利を持っているのである。つまり、ロックの考える自然状態とは、「人びとが人間相互の間を裁判する権限を持った共通の上級者をまったく持たず、ただ理性にしたがって共同生活している」、そういう状態をさしている。

人びとの合意＝社会契約を通して国家を設立する主たる目的を、ロックは所有の維持あるいは所有権 (自然権) の保護にあるというわけであるが、なぜ自然状態において所有権保持 (自然権) が守られないのであろう

か。ロックはその理由を3つ挙げている。

> 第一に、確立され、安定した、公知の法が欠けている。……第二に、自
> 然状態においては、一切の争いを確立した法に従って権威を以って
> 判定すべき、公知の公平な裁判官が欠けている。……第三に、自然状
> 態にあっては、判決が正しい場合に、それを適当に執行する権力がし
> ばしば欠けている。(ロック『市民政府論』鵜飼信成訳、岩波文庫、128頁)

　ロックは、所有権が保持されない理由を3つあげている。しかしそれ
は、貨幣の使用がはじまり、自然法が機能しなくなった状態において、
はじめて浮上する問題であった。つまり、貨幣が発明される前の自然状
態では、所有権をめぐる問題は何も生じていなかったのである。
　自然状態において、自然権の執行権が各人に委ねられている限り、自
然法の命令を守る人間とそれを破る人間が混在することになる。しかも
争いの裁定者（上級者）が存在していない以上、戦争状態におちいること
は容易に想像できる。では、なぜ争いにならないのか。
　ロックによれば、自給自足的な生活な自然状態においては、際限なく
所有権を拡大することは自然法によって制限されている。なぜなら、人
間の生産する財産（食物）は腐りやすく、他者の所有権（土地）を脅かし
てまでそれを蓄積できないからである。したがって、各人が必要とする
範囲がその限度であるという理性の定めた限界内にとどまるかぎり、各
人の所有権について争いの起こる余地はほとんどありえないという。
　つまり、自給自足的な生活では、他者の所有権を侵害するほどの必要
性もなく、またより以上のものを所有したいという欲求も自然法の限度
内でとどまっているため、所有権は守られ、自然状態は平和な状態で
あった。ところが、貨幣が発明されると、平和な自然状態は一変し、戦
争状態におちいることになる。

平和な自然状態から戦争状態へ

　では、なぜ平和な状態が戦争状態になるのか。ロックによれば、貨幣
が発明され、貨幣の使用がはじまると、貨幣は保存しても腐らず、剰余
の品物との交換が可能となるため、人間はみずからの財産の限りない蓄
積を可能する機会を得たからであるという。つまり、貨幣の発明により、
人間は必要とするより以上をもちたいという欲望をもつようになると、
定められた自然法の制約をたやすく乗り越えることになる。貨幣の使用
がはじまると、人びとはやがて無制限に財を蓄積するようになる。その
結果、財を多くもつ者ともたない者の間に不平等が広がり、財をめぐっ
て犯罪行為が頻発し、社会が不安定になる。そこでは、もはや自然法は
機能せず、平和な自然状態という前提が失われてしまったのである。
ロックは、こうした状態の変化について、つぎのように述べている。

　　人間は、最初は、ただ人手を加えられないままの自然が彼らの需要に
　　応じて提供するものでたいてい満足した。しかし後には、世界のある
　　部分で人口と家畜が増加し、貨幣が使用されるようになった結果と
　　して、土地が乏しくなり、したがっていくらかの値を生ずるように
　　なった。そこで若干の共同体では自分たちの明確な領土の境界を定
　　め、また自分たちの内部での法によってその社会に属する私人の所
　　有権を規律し、このようにして労働と勤労が作り出した所有権を、協
　　約と同意により確定したのである。……このようにして、はっきりと
　　した合意によって、地球の各部分について、相互間に所有権を確定し
　　たのである。しかもなお、人類の他の部分と共通の貨幣使用の合意を
　　結ばなかったため、荒地のままになっており、かつ、そこの住民が実
　　際に利用し、また利用し得る以上にあるため依然として共有となっ
　　ている土地がきわめて多い。このようなことは、貨幣経済の合意を結
　　んだ人々の間にあっては、ほとんど起こらないことだが。（ロック『市民
　　政府論』鵜飼信成訳、岩波文庫、50-51）

　ここで重要なのは、ロックが政治社会（国家）設立する目的は、貨幣

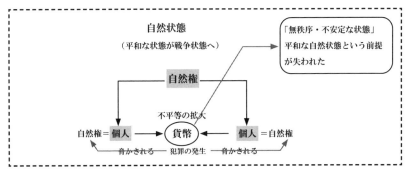

図 33　自然状態

の使用によって拡大する不平等や社会不安の解消ではなく、あくまでも
所有権の保持に主眼が置かれているということである。のちにルソーは、
こうした政治社会（国家）を、「ある土地に囲いして『これがおれのもの
だ』と宣言することを思いつき、それをそのまま信じるほどおめでたい
人々を見つけた最初の者が、政治社会の真の創立者であった」として、
堕落した社会とみていた。しかし、ロックの考える、人びとの合意＝契
約によって成立した政治社会は、いわゆる資本主義社会であったといえ
る。なぜ、私的所有権が是認されることになるのか。ロックによれば、
自分自身と労働によって生産されたものは、その人の所有物である。労
働による生産は、神の意志・命令にかなうものであるからである。ただ
し、ロックは、労働して生産物が自分の所有物となるための必要条件を
2つあげている。1つは、他人に十分なものが残されていること。2つ目に、
労働による生産物を損傷、腐敗、浪費しないこと、である。

自然状態から国家設立
　ここではじめてロックは、ホッブズと同じように、自然状態＝戦争状
態から政治社会（国家）の設立へという社会契約の論理を展開すること

になる。ロックは、国家を設立し、政府のもとに服する最大の目的は所有権の維持にあると考えている。まず人びとはおのれの自然権＝所有権を守るために、互いに契約を結ぶのだが、ロックの考えるところでは、この契約おいて全員一致で放棄されるのは、自然権そのものではなく、自然法に背いた犯罪者を処罰する権力、すなわち各人の自然権＝所有権を自衛するための手段（物理的暴力）としての「自然権力」だけである。すなわち、この契約でも暴力装置としての「国家」が人びとの合意によって設立されるわけだが、ただし各人の自然権＝所有権はあくまでも「個人」の領域にとどめられることになるのである。こうしたロックの「公／私」の区別に、近代の「自由・民主主義」思想の源流を認めることもできよう。

立法部（議会）の設立

　こうして政治社会（国家）が設立されたのちに、今度は契約の目的を実現するために、多数決原理に基づき立法府（議会）あるいはその執行機関（政府）が「信任」されることになる。その場合、立法府はどういう性格なものとロックは考えているのであろうか。ロックは立法府について、つぎのように述べている。

　　立法府の定立は、社会の第一の、そして基本的な行為であり、これによって、彼らの統合が継続されるように、配慮がなされるのである。それは人民の同意と任命によって権限を与えられた人々の指導の下に、彼らの作った法に拘束されてなされるのであって、それなしには、彼らの何人も、一人であれ、多数であれ、他の者を拘束するような法律を作る権限は持ち得ない。もし一人でも、多数でも、人民に任命されないで、法を作る権限があると称して、権限なしに法を作るとすれば、人民はこれに服従する義務はない。こういう場合には、人民は服従から解放され、自分で最も良いと信じる新しい立法府を作ってもよいのである。何故なら、彼らは、権限もないのに、自分たちに何かを強制するような者の力に抵抗する完全な自由を持っているからであ

る。(ロック『市民政府論』鵜飼信成訳、岩波文庫、214–15頁)

立法府あるいは政府が「信任」されるのは、あくまでも契約の目的である所有権の保持のためである。ロックによれば、立法府（議会）が国民全体の意志を代表する機関である以上、その立法権はたとえば国王がもっている行政・外交権よりも上位にあるものと考えられている。しかし、このように立法府（議会）に最高権力が認められているとはいえ、「法の支配」という伝統のもとでは、その権力も「所有権を侵害してはならない」という自然法に拘束されたものとならざるをえないのである。

ロックにとって国家設立の目的は、個人の所有権を保持することにあった。それゆえ、もし契約の目的に反することを立法府あるいは政府が行うような場合、人びとは契約違反だとして立法府あるいは政府への「信任」を解消することができるのである。ホッブズにとって、こうしたロックの論理は認められない。なぜなら、この論理が「万人の万人に対する闘争」という自然状態への回帰につながるからであり、また国家の決定はどのようなものであれ、国民全体の意志に基づくものとみなされているからである。

しかし、ロックにとっては、すでに自然法が働いている自然状態は何

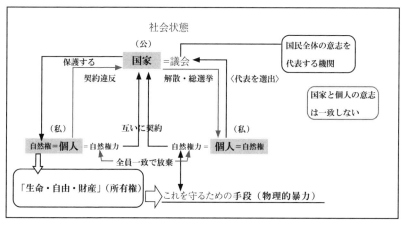

図34　国家の設立

ほどかの不都合はあったとしても、完全な無秩序ではなく、また「公／私」の区分によって国家と国民の意志は必ずしも一致しないということが前提とされているのである。ロックが考える国家と個人の関係は一種の「信託関係」に基づいたものであった。それゆえ、立法府あるいは政府が所有権（自然権）の保護を怠った場合、国民はそれを契約違反であるとして直ちに無効とすることができるのである。つまり、国民は国家（政府）に対して抵抗する権利、革命を起こす権利があるとロックは主張するのである。そこには、中世の統治契約と同じ論理が認められる。今日において、それは議会制民主主義における「解散・総選挙」という制度の理念として受け継がれているのである。

注

（1）『統治二論』は、王権神授説を批判する前編と、自然状態から個人間の合意という〈契約〉を通して国家と政府が生じてくる仕組みを論じた後編「市民政府論」から構成されている。したがって、政治思想史において重視され、よく言及されるのは後編の方である。

〔参考文献〕

・加藤節『ジョン・ロック』岩波新書、2018 年。
・松下圭一『ロック「市民政府論」を読む』、岩波現代文庫、2014 年。
・ロック『市民政府論』鵜飼信成訳、岩波文庫、1967 年。
・ロック『統治二論』加藤節訳、岩波文庫、2007 年。

━━ 第10章 ━━

ルソーの社会契約論

1 ルソーの思想とその時代

フランス革命

　ジャン・ジャック・ルソー（Jean-Jacques Rouseau 1712–1778）は、ルイ14世（1638–1715）とルイ15世（1710–1774）が支配するフランス絶対王政の時代に生きた政治思想家であった。当時のフランスは、絶対君主を頂点とし、封建的な身分制度、特権階級の経済的独占、カトリックの支配などの要素をあわせ持った政治体制であった。

　フランス革命（1789–99）前の、こうした旧体制は、のちに「アンシャン・レジーム」という言葉で表現されるようになった。1750年代には、イギリスで産業革命がはじまり、資本主義経済が発展しつつあった。こうした社会背景のもと、当時のヨーロッパは、文明の発展と体制内の相互依存、不平等の拡大といった社会の矛盾が大きく膨らんできた時代であったのである。

　1755年、ルソーは『百科全書』に「政治経済論」を執筆し、同年に『人間不平等起源論』を出版している。1761年には『新エロイーズ』、翌年には『社会契約論』『エミール』を発表している。『エミール』が出版と同時に禁書とされると、ルソーは難を逃れてスイスに渡ったが、スイス当局もまた『エミール』『社会契約論』を発売禁止にしたのであった。ルソーの著作は、社会が抱える矛盾やタブーをえぐり批判したために、多くの敵をつくる結果となったのである。

　ルソーの「社会契約論」の骨子は、『人間不平等起源論』のなかに含

まれているというよりは、この本からルソーの「社会契約論」ははじまっているといえる。しばしば"フランス革命を起こしたのはルソーである"といわれているが、今日では、フランス革命へのかれの思想の影響はそれほど大きくなかったといわれている。とはいえ、ルソーの人民主権論はのちの政治家や政治思想家に大きく影響を与えたことを忘れてはならない。

　一般にルソーは、ホッブズやロックのとった「自然状態→社会契約→政治社会」の図式を踏襲して、自分の社会契約の論理を「人民主権論」へ発展させたと考えられている。しかし、ルソーの生きた社会状況は、ホッブズやロックの市民革命の時代とは大きく異なっており、それゆえその社会契約の思想傾向もかなりの隔たりがあり、むしろ非連続で断絶しているともいえる。こうした時代背景の相違を念頭に置きながら、ルソーの社会契約論をみていくことにする。ルソーの問題関心は、以下の文章に明確に表れている。

> 人間は自由なものとして生まれた、しかもいたるところで鎖に繋がれている。自分が他人の主人であると思うようなものも、実はその人々以上にドレイなのだ。どうしてこの変化が生じたのか、わたしは知らない。何がそれを正当なものとしうるのか？わたしはこの問題を解きうると信じる。(ルソー『社会契約論』桑原武夫・前田貞治郎訳、岩波文庫、第1章第1編)

2　ルソーの社会契約論

自然状態

　ルソーの文明批判として、有名なのが『人間不平等起源』(1755) である。これは「森に帰れ」とか「自然に帰れ」といった通俗的なルソー解釈の典拠とされているものである（ルソーはそのようなことを語っていないが）。しかしここで重要な点は、自然状態から社会状態へという社会契約の形成論理に基づきながら、ルソーが人間社会の文明化＝堕落の歴史を説明

していることである。ルソーは、「自然状態」をどのようなものと想定していたのであろうか。

　…森の中をさまよい、器用さもなく、言語もなく、住居もなく、戦争も同盟もなく、少しも同胞を必要ともしないばかりでなく彼らを害しようとも少しも望まず、おそらくは彼らのだれをも個人的に見覚えることさえけっしてなく、未開人はごくわずかな情念にしか支配されず、自分ひとりで用がたせたので、この状態に固有の感情と知識しかもっていなかった。彼は自分の真の欲望だけを感じ、見て利益があると思うものしか眺めなかった。そして彼の知性はその虚栄心と同じように進歩しなかった。(ルソー『人間不平等起源論』本田喜代治・平岡昇訳、岩波文庫、80頁。)

　ルソーは、「自然状態」における人間の原初的な本性として、自己保存の欲求である「自己愛」と他者の痛みを共感する (同類の苦しみをみてわがことにように感じる)「憐みの情」に動かされるだけの存在であった。そこには、文明社会 (悪しき社会状態) でみられるような、他者よりも優越したいという「虚栄心」や、名声を誰よりも渇望する「名誉心」などは存在していなかったのである。

現実の文明社会＝政治社会を批判
　ルソーのいう自然人は、他者に積極的な関係や関心をいだかず、それゆえ他者と争うこともなく、自足し、四散し、孤立して暮らしていたがゆえに平和で幸福な存在であった。ところが、冶金や農業の技術の進歩し、言語が発明されるようになると、人間は他者との共同生活が避けられなくなってしまう。つまり孤独な存在であった人間 (自然人) が、自然状態から社会状態 (文明社会の誕生) において、はじめて「社会性」が要求されるようになったわけである。しかし、ルソーはそこに自然状態からの堕落のはじまりを認めている。では、人間を堕落させる文明とは、どのようにしてはじまったのか。

ある土地に囲いをして『これはおれのものだ』と宣言することを思い
つき、それをそのまま信ずるほどおめでたい人々を見つけた最初の
者が、政治社会（国家）の真の創立者であった。（ルソー『人間不平等起源論』本
田喜代治・平岡昇訳、岩波文庫、85頁）

　ルソーにとって「社会性」を要求する現存する政治社会は、不平等の
起源である私的所有権（制度）によってもたらされた。その結果、支配
と服従、あるいは暴力と掠奪により犯罪行為が増え、不平等が拡大しは
じめた。まさにその私有の観念（ある土地に囲いをして "これはおれのものだ" と
する考え）こそが戦争状態を生みだす原因になった。こうして、ルソーは、
社会状態である現実の政治社会（文明社会）を批判し、自然状態を理想化
するのだが、そうはいっても、「人類は後戻りすることも、みずから獲
得したものを捨てることもできないのだ」という深い認識に立っていた。

つまり、このようにして富める者の横領と、貧しい者の掠奪と、万人
の放縦な情念が、自然的な憐みの情とまだ弱々しい正義の声とを窒
息させて、人々を強欲に、野心家に、邪悪にした。強者の権利と最初の
占有者の権利とのあいだに、はてしない紛争が起こり、それは闘争と
殺害とによって終熄するほかなかった。生まれたばかりの社会はこ
の上もなく恐ろしい戦争状態に席を譲った。堕落し、悲嘆にくれる人
類は、もはやもとに来た道へ引き帰すこともできず、不幸にしてみず
から獲得したものをすてることもできず、自分の名誉となる諸能力
を濫用することによって、ただ恥を書くことに務めるばかりで、みず
から滅亡の前夜に臨んだ。（ルソー『人間不平等起源論』本田喜代治・平岡昇訳、岩
波文庫、103頁）

　本来人間は自由で平等なものとして生まれたはずなのに、人びとは不
平等な状態におかれ、現政治制度や経済制度に隷属させられているのだ
とすれば、問題なのは現制度である。いまこそ相互に自由で平等な個人

132

による社会契約によって、真に人間が平等になる新しい制度（国家）を作りだすべきだとルソーは主張するのである。

　ルソーにとって、現実の社会状態こそがホッブズのいう自然状態（戦争状態）にほかならなかった。とはいえ、自然に戻ることも、みずから獲得したものを捨てることもできない状況を脱する解決の方法はあるのか。ルソーは、純粋な自然状態を規範としながら、現実の悲惨な社会状態を理想的な社会状態へと高めていくことで解決しようとする。したがって、ルソーの問題関心は、「自己愛（自己保存の本能）」と「憐みの情（他者への憐れみ）」という自然人のもつ美徳を失わず、いかに他者との「社会性」を維持していくかに向けられていく。ルソーは、『社会契約論』のなかで、社会契約のあり方をつぎのように述べている。

> 「各構成員の身体と財産を、共同の力のすべてをあげて守り保護するような、結合の一形式を見出すこと。そうしてそれによって各人が、すべての人々と結びつきながら、しかも自分自身にしか服従せず、以前と同じように自由であること」、これこそが根本的な問題であり、社会契約がそれに解決を与える。（ルソー『社会契約論』桑原武夫・前川貞次郎訳、岩波文庫、29頁）

社会契約論

　ルソーは「各人が、すべての人々と結びつきながら、しかも自分自身にしか服従せず、依然と同じように自由であること」が課題であるという。つまり、ルソーは、自分自身が自由であることと、他者と結びつくことは両立できると述べている。では、どうすれば、こうした両立が可能になるのか。ルソーは、これを可能にする形式こそが社会契約だというのである。

　この社会契約において、まず各構成員は各人がもつすべての権利を共同体に譲渡することを義務づけられる。この「全面譲渡」は、各人が平等になる条件にほかならない。要するに、この契約において、各人は自己（自己のもつすべての権利）を共同体［すべての人びと］に与えるのであ

るから、自己（自己のもつすべての権利）を［特定の］誰かに譲渡すること
にはならない。

　その結果、各構成員は自然人のもつ価値を手に入れ、また所有してい
るものを保存するために、より多くの力を手に入れることができるので
ある。こうして、「すべての人々と結びつきながら、しかも自分自身に
しか服従せず、以前と同じように自由である」、そのような契約が論理
的には成り立つことになる。

　ルソーは、こうして形成される共同体の意志を「一般意志」と呼んで
いる。それは、各人の「特殊意志」の総和に過ぎない「全体意志」とは
区別される。ルソーは一般意志と全体意志について、つぎのように述べ
ている。

　　一般意志は、つねに正しく、つねに公けの利益を目ざす、ということ
　　が出てくる。しかし、人民の決議が、つねに同一の正しさをもつ、とい
　　うことにはならない。人は、つねに自分の幸福を望むものだが、つね
　　に幸福を見わけることができるわけではない。……全体意志と一般
　　意志のあいだには、時にはかなり相違があるものである。後者は、共
　　通の利益だけをこころがける。前者は、私の利益をこころがける。そ
　　れは、特殊意志の総和であるに過ぎない。しかし、これらの特殊意志
　　から、相殺しあう過不足をのぞくと、相違の総和として、一般意志が
　　のこることになる。（ルソー『社会契約論』桑原武夫・前田貞治郎訳、46-47頁）

　一般意志は、各人の「特殊意志」の足し合わせに過ぎない「全体意
志」とは区別され、かなりの違いが存在している。つまり「一般意志」
は“共通の利益（公共の利益）”だけをこころがけ、「全体意志」は“私の
利益”だけをこころがける、というのである。つまり、自分の利益しか
考えない個人の意志（特殊意志）をいくら集めても、社会全体の共通の利
益をめざす意志にはならない。では、一般意志は具体的にどういうもの
であろうか。一般意志は、どうすれば明らかになるのかは自明ではない
が、いわば全体に対する一個の「共通の自我」のようなもので、「法」

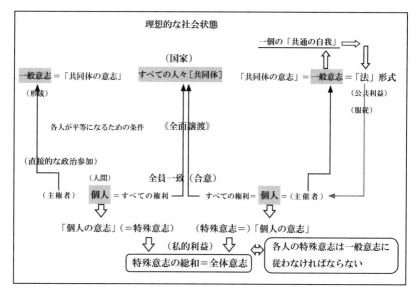

図 35　国家の設立

という形式において表明されているものであるという。

　ルソーは、「一般意志は、全部の人から生まれ、全部の人に適用されなければならない」と述べている。つまり共同体の構成員が一般意志に従わなければならないのは、かれ自身がそれを形成した主権者にほかならないからである。たとえば、自分の意志（特殊意志）と一般意志が一致しない場合、各人の特殊意志は一般意志の決定に従わなければならないのである。なぜなら、ルソーは一般意志に強制されることで、個人は自由になるからであるという。つまり、人間の自由は「主権者」として法の決定に等しく従う義務を負うことで支えられているということである。しかし、この点だけをとらえルソーの論理を同調化圧力と考える学者もいるため、ルソーは「全体主義的民主主義」の祖とみなされるのである。

　ルソーの論理は、ホッブズの論理（国家の決定はその構成員すべての意志に基づくものであるから誰もそれに逆らうことはできない）と同じようにみえるかもしれないが、ルソーはホッブズのように主権が代表されるものとは考えて

いない。というのは、ルソーは、「主権とは一般意志の行使にほかならないもののゆえに、これを譲り渡すことは決してできない」と考えているからである。

　こうして、ルソーは、ホッブズのように主権が代表されるものとは考えておらず、一般意志は構成員の直接的な政治参加によってはじめて形成されると主張する。ルソーは、"一般意志は代行されない"という人民主権論を唱えるわけであるが、もしそうであるならば、主権者である人民がそのまま直接政府を構成する民主政がもっとも優れた政治形態であるということになろう。ところが、ルソーは、民主政は必ずしも優れた政治形態ではないと、つぎのように述べている。

　　もしさまざまな国家において、最高の行政官の数が市民の数に逆比
　　例しなければならないのであるならば、一般に民主政は小国に適し、
　　貴族政は中位の国に適し、君主政は大国に適するということになる。
　　……民主政という言葉の意味を厳密に解釈するならば、真の民主政
　　はこれまで存在しなかったし、これからも決して存在しないだろう。
　　多数者が統治して少数者が統治されるということは自然の秩序に反
　　する。(ルソー『社会契約論』桑原武夫・前田貞治郎訳、95-96頁)

　ルソーは、民主政は小国にしか適さないと指摘したうえで、完全な民主政は「神々からなる人民」であれば可能であるが、人間には適さないとまで断言している。さらにかれは、民主政もしくは人民政治ほど、内乱・内紛が起こりやすい政治はないと主張する。民主政になると、なぜ内乱・内紛が起こりやすいのか。

　ルソーによれば、主権と政府は厳密に区別されるものであり、主権者である人民が一般意志に基づいて法をつくるわけだが、その法を個別対象ごとに執行するのは政府の役割である。したがって、法をつくる人間が、自らそれを執行すれば、権力の濫用を招き、その結果、政治は内乱・内紛に陥りやすくなるからである。結局のところ、主権者である人民がそのまま政府を構成し運営することは望ましくなく、政府の形態と

しては、貴族政（少数の優れた人びとの統治）がよいとルソーは主張しているのである。

　ルソーの問題関心は、人民主権論にあり、立法権にあった。それゆえ、執行権（政府の運営）は少数の優れた人びとに委ねた方がよいと考えていたといえよう。古代ギリシアのポリスがかれの理想とする政体であったのかもしれない。ルソーにとって重要なのは、主権が誰の手にあるかであり、誰が立法を行うのかということであった。したがって、肝心な立法を人民自ら行わず、公共の利益を考えず、代表（代議制）にすべて委ねて安閑としている人民に対して、ルソーは激しく批判するのである。かれの代議制批判は、こうした点にあったことを忘れるべきではないし、それは今日われわれに突きつけられた課題でもある。

〔参考文献〕

・ルソー『社会契約論』桑原武夫・前田貞治郎訳、岩波文庫、2002 年。
・ルソー『人間不平等起源論』本田喜代治・平岡昇訳、岩波文庫、2019 年。

現代政治の課題

　歴史学者T. G.アッシュは、「自由主義の未来」と題する小論で「21世紀に入って人口100万人超の国で民主主義国を非民主主義国が上回った」と断じて、大きな反響を呼んだ。それは、明らかに「民主主義」の後退を意味するものであった。世界で猛威を奮っているポピュリズム（大衆迎合主義）や権威主義的な国家の台頭をみれば、民主主義がいかに後退しているかがわかる。こうした国家の台頭は、代議制民主主義を否定的に評価し、それとは異なる意思決定方法を追求するという共通の特徴を備えている。

　ポピュリズム（大衆迎合主義）は、一般市民の多数派が、少数派を排除するような政策決定を積極的に推進する指導者（政治家）を支持する傾向が強く、他方の権威主義的な国家は、一般市民には一切政策決定プロセスに関与させず、統治エリートが強権的にでも迅速に政策決定を行うことが望ましいと考える特徴がある。いずれも、民主主義の脅威とみられがちであるが、そこには民主主義が抱える欠点や民主主義の仕組みのあり方への問題提起が含まれており、それに対して民主主義を標榜する国家は正面から取り組む必要がある。

　わたしたちは、本書で学んできた民主主義に関する知見や考え方を通して、現代民主主義の抱える課題や、ポピュリズムや権威主義体制の脅威に対して、どのように向き合い、どのような解決の糸口をつかむことができるのかをもう一度歴史を振りかえりながら考えてみる必要があろう。民主主義（デモクラシー）が多くの欠点を抱えていることは、プラトンやアリストテレスの時代から今日まで指摘されてきたことである。しかし、民主主義にかわる政治体制が生まれない以上、民主主義を放棄するわけにはいかない。むしろポピュリズムや権威主義をうまく抑えながら、いかに民主主義を立て直すかが重要である。言い換えるならば、いかに自由民主主義を守るのかということである。

近代の民主主義は議会制（立法府）を中心に発展し、民主主義（平等の理念）と自由主義（自由の理念）という互いに異質な思想から成り立っていた。それゆえ、近代の民主主義は自由民主主義としばしば呼ばれるわけであるが、自由主義と民主主義の間には決して和解することのない、矛盾に満ちた緊張関係があることを前提としている。いま自由民主主義はポピュリズムや権威主義、資本主義への信奉の拡大により、大きな危機に直面しているのである。

民主主義とポピュリズム

　自由民主主義国家において、歴史的に最初で最大の危機は1929年にはじまる世界恐慌であろう。第一次世界大戦後の社会混乱がまだ収まらないなか、世界恐慌が民主的な資本主義国家の政治と経済に混乱と低迷をもたらした。20世紀前半には、民主政治（選挙という民主的な手続きを通して）の中から、ヒトラーなどの独裁者が出現し、第二次世界大戦を招いてしまった。なぜこの時代に独裁者ヒトラーが登場したのであろうか。

　ドイツでは、第一次世界大戦後の1919年、ヴェルサイユ条約の枠組みのもと、ワイマール共和国がドイツ史上初の議会制民主主義国家として誕生したが、左派・右派の両陣営から激しい攻撃を受け、ほんの一時期を除いて安定しなかった。ドイツの政治的混迷と社会不安は、喫緊の課題を速やかに解決する強い指導者を国民は求めはじめたのである。ワイマール憲法の成立に尽力した一人であるマックス・ウェーバーは、国民の直接投票による「指導者民主制」を唱えた。ウェーバーの議論をさらに推し進めたのが、カール・シュミットであった。かれは、反議会主義、反自由主義の立場に立ち、純粋な民主主義とは、治者（代表者）と被治者（国民）との間の完全な同一性であり、同一性を確認するためには、指導者に対する国民による「拍車喝采」（歓呼賛同）があれば十分であると主張した。それゆえ、しばしばナチス・ヒトラーのイデオローグであると非難されてきた。

　1929年の世界恐慌により、各国で企業・銀行が倒産し、失業者が増大し、社会不安が広まり、閉塞した社会状況は、国家においても国民に

おいても非常事態ともいえるものであった。「討論」の場としての議会がうまく機能せず、指導者もおらず、さまざまな国難にうまく対応できなかった国では、多くの国民が強い指導力による性急な解決を求めるあまり、ヒトラーのような「民主的な」独裁者を希求する誘惑にかりたてられるのである。こうした傾向は現代の民主主義国家においても同じような状況を生みやすい。もし直接民主制が独裁的な形で求められるなら、ドイツのナチス・ヒトラーのように、全体主義的なものが国家をおおいつくしてしまうという逆説を端的に表しているといえよう。

　ポピュリストの台頭は、必ずしも閉塞的な社会状況でのみ生じるわけではない。自らの利害や名声を守るために、民主主義を放棄してナチスと手を組んだワイマール共和国時代の保守エリートたちや、自らの議席や名誉を守ろうと、あるいは減税や規制緩和によって自らの利益拡大化を図ろうとする共和党の議員や大口献金者がアメリカのトランプ大統領を支持し支援していたことを考えれば、十分理解できることである。その意味では、民主主義が安定するかどうかは、健全で穏健な分厚い中間層が存在しているかどうかにかかっているといえる。

中間層の没落

　世界の所得階層の分布を示す有名なグラフに、「エレファントカーブ」と呼ばれる曲線がある。象が鼻を持ち上げる姿によく似たグラフからそう呼ばれている。これを考案したのは、経済学者ブランコ・ミラノヴィッチらで、1989年からの20年間を対象にデータ分析したものである。横軸に世界の富裕層から貧困層までを並べ、一定期間に各階層がどれだけ所得を伸ばしたかを示したものである。グラフからわかるのは、収入の伸びで新興国が先進国の中間層を上回っていること、先進国の中間層が急降下する一方で富裕層が大きくせり上がっていることである。つまり富が富裕層に偏在している実態を浮き彫りにしている。

　アリストテレスは理想とする政体を「国制（ポリティア）」と呼び、それは穏健な寡頭政と穏健な民主政の混合であったことを想い起こそう。アリストテレスの説く「国制（ポリティア）」は、適度な私有財産をもち、

国家の統治に直接政治に参加できる多数の中流市民（中間市民）を基礎に成立する社会であり、そこには本質的に不均衡が存在しないために、富裕層（穏健な寡頭制）と貧困層（穏健な民主政）の間で安定した多数派（中流市民）が形成されることで成り立つ政体であった。穏健な多数派（中間層）の存在は「国制（ポリティア）」の存立を左右するというアリストテレスの指摘は、今日の民主主義国家にもあてはまることである。

　多数派を形成する中間層は、現代の民主主義国家において自由と繁栄の礎であった。政治的には幅広い穏健な中道層と重なり、世論が一方に極端に振れるのを防ぎ、経済的には国の繁栄を支えてきた。つまり分厚い中間層は民主主義の担い手として社会を安定させる役割を果たしてきたのである。その中間層が地盤沈下し、不平・不満が高まれば、社会の不安定さは急速に増しかねない。貧富格差と不平等が常態化し、一部の富裕層に富が偏り、富の再配分する機能が弱まった社会はもろくなる。経済的にゆとりがなくなった中間層の人びとから公共心や他者への寛容さが失われると、自らの利益や考え方だけを追い求め、異質なものや少数派を容易に排斥するポピュリズムへと傾斜することになる。

　民主主義を安定させるためには、富の再分配を通じて中間層を厚くする必要がある。そのためには、いまのところ、高額所得者に高い税を課し、富の集中を防ぐことで、民主主義の保護と自由競争の促進をめざす以外に方法はないように思う。しかし、そう簡単に実現する処方箋とは思えない。19世紀から20世紀に民主主義が広がったのは製造業の時代であった。つまり民主主義は製造業の時代とともに繁栄し、分厚い中間層によって支えられてきたのである。21世紀の民主主義が、IT（通信技術）の時代とともに繁栄するためには、富の再配分だけではなく、IT時代に適合した分厚い中間層の形成を促す政策や、それに向けた再教育の実施が何よりも重要な課題であると思われる。

民主主義と自由

　1989年のベルリンの壁崩壊直前に、米政治哲学者フランシス・フクヤマは、人類を支配したイデオロギーの争いの歴史は終わり、資本主義

と民主主義を柱とする政治経済体制こそ究極の勝者だと宣言した。ブランコ・ミラノビッチは、歴史の終わりといわれた1990年代半ばから、勝者は「資本主義だけが残った」と結論づけ、勝者となった資本主義は2つの類型に分かれると指摘している。1つは、米国とその同盟国にみられる「自由型」の資本主義である。もう1つは、中国にみられる「政治型」の資本主義である。いずれの道も、自由民主主義の道とはかなり隔たりがある。

　プラトンは、「民主政」について、「貧者にも平等な権利（参政権）と言論の自由が許されるおおらかな国制である」と述べているが、民主政国家が善とする〈自由〉への飽くことなき欲求こそが、民主政を崩壊させることになったと指摘している。またアリストテレスは、貧者であっても市民である限り都市国家ポリスの政治に参加（「国家への自由」）すべきであるし、富者でも貧者でも自分の利益を追求する自由は社会をより安定させるとも主張している。プラトンの自由への飽くなき欲求の問題や、アリストテレスの平等と自由の関係性の問題は、現代の自由民主主義国家においても、依然として重要な政治的な問題となっている。

　自由民主主義の課題は、自由主義と民主主義の間の緊張関係を前提に、どうすれば自由を否定することなく、民主主義を十全に実現できるか、という点に集約されよう。この課題を解決する糸口を、われわれはもう一度ルソーの社会契約論に立ち返って考えてみてはどうであろうか。ルソーは「人間は自由なものとして生まれた、しかしいたるところで鎖に繋がれている」と断じ、主権者たる国民が公共の利益を考えることなく、すべてを自分たちの「代表」に任せていることに我慢ができなかった。それゆえ、代議制民主主義を厳しく批判するのである。ルソーが「自ら定めた法に従うことこそ自由である」と述べているのは、「主権者」として、投票を通して法の決定に等しく参加し、国民としてその法に従う義務を負うことで、人間は同じ社会のなかで生きる他者の自由と共存しうる、真の意味での「自由」を獲得できるという確信からである。

　古代ギリシアのアテナイの民主主義以来、民主主義の本質は自ら決定に参加し、決定されたことに自発的に服従する義務を負うという「参加

と義務」のシステムにあったといえる。だからこそ、こうした「参加と義務」のシステムは多くの批判にもかかわらず、民主主義を支え続けてきたのである。国家は何のために存在するのか。特定の権力者や独裁者のためでもなければ、自らの利益の最大化を企む一部の富裕者のためでもない。利己的な人間であっても、国家を媒介とすれば、自ら定めた法に自らが従うことで「自由」を獲得することができるというルソーの社会契約論を立ち返って、もう一度国家に対する主権者のあり方（参加）と国家に対する国民のあり方（義務）を構築し直す必要がある。そして、古代ギリシアのアテナイのように、衆愚政治に陥りながらも、その後も民主主義が維持されたのは、民主主義という制度へのアテナイ人の深い愛着と、それを維持するための普段の努力があったことをわたしたちは忘れてはならない。

政治史年表

＊本書で取りあげた時代と政治思想家の年表

年代	ヨーロッパ・アメリカ	歴史家・哲学者・政治思想家
前 800	ギリシアでポリス成立	
前 600	ソロンの改革 アテナイの僭主政治 アテナイの民主政 509 頃　ローマ共和政開始	
前 500	500 ペルシア戦争（〜前 404） 431 ペロポネソス戦争 429 ペリクレス没後、衆愚政治へ	ヘロドトス（前 485 頃〜前 425 頃） トゥキュディデス（前 460 頃〜前 400 頃）
前 400	399 ソクラテス刑死	ソクラテス（前 469 頃〜前 399 頃） プラトン（前 427 〜前 327） アリストテレス（前 384 〜前 322）
前 300	264 ポエニ戦争（〜前 146）	ポリュビオス（前 201 頃〜前 120 頃）
紀元	キリスト教の誕生（30 年頃〜）	
300	325 ローマ・カトリック教会確立 392 ローマ、キリスト教の国教化	
1000	中世世界の変化 1096 第 1 回十字軍（〜 99）	
1100	ローマ教皇の絶頂期 1198 教皇インノケンティウス 3 世即位 （〜 1216）	
1200	1202 第 4 回十字軍（〜 04） 1215 マグナ・カルタ（大憲章）	
1300	1309 教皇のバビロン捕囚（〜 77） 1377 教会の大分裂	

1500	カトリック教会権威の衰退と宗教改革	
	1513 ローマ教皇レオ 10 世即位	
	（～ 21）	
	1514 贖宥状（免罪符）の発行	ルター（1483 ～ 1546）
		カルヴァン（1509 ～ 64）
	イタリア・ルネサンス	
	1521 イタリア戦争（～ 44）	マキャベリ（1469 ～ 1527）
	1555 アウグスブルクの和議	
	1562 仏、ユグノー戦争（～ 98）	
1600	絶対主義国家（絶対王政）の時代	
	1603 英、ジェームズ 1 世即位	
	（～ 25）	
	1625 英、チャールズ 1 世即位	
	（～ 49）	
	1628 ドイツ三十年戦争（～ 48）	
	1628 英、権利の請願	
	市民革命の時代	ジャン・ボダン（1530 ～ 96）
	1642 英、ピューリタン革命（～ 49）	ホッブズ（1588 ～ 1679）
	1643 仏、ルイ 14 世即位（～ 1715）	フィルマー（1589 ～ 1653）
	1651 英、名誉革命（～ 89）	ロック（1632 ～ 1704）
	1688 英、権利の章典	
1700	1715 仏、ルイ 15 世即位（～ 74）	モンテスキュー（1689 ～ 1755）
	イギリスの産業革命開始	
	1768 アークライトの水力紡績機発明	アダム・スミス（1723 ～ 90）
	1769 ワットの蒸気機関発明	
	1775 アメリカ独立戦争（～ 83）	ルソー（1723 ～ 78）
	1776 アメリカ独立宣言	トマス・ペイン（1737 ～ 1809）
	1787 アメリカ合衆国憲法制定➡ 89	
	年実施	
	1789 フランス革命（～ 99）	エドマンド・バーク（1729 ～ 97）
	1794 テルミドール 9 日のクーデタ	
	1799 ブリュメール 18 日のクーデタ	

1800	民主主義の拡大	
	1832 英、第 1 回選挙法改正	
	1837 英、チャーティスト運動	マルクス（1818 ～ 83）
	1867 英、第 2 回選挙法改正	エンゲルス（1820 ～ 95）
	1884 英、第 3 回選挙法改正	
1900	第一次世界大戦勃発	
	1914 第一次世界大戦（～ 18）	マックス・ウェーバー（1866 ～
	1917 米、参戦	1920）
	1917 ロシア革命	
	1919 パリ講和会議、ベルサイユ条約	
	1919 ワイマール憲法	
	1920 国際連盟設立	
	1928 英、第 5 回選挙法改正	
	世界恐慌のファシズムの台頭	バーカー（1874 ～ 1961）
	1929 米、ニューヨーク株式取引所で株価大暴落	
	1933 米、ニューディール政策実施（～ 35）	ケインズ（1883 ～ 1946）
	1933 独、ナチス政権成立	カール・シュミット（1888 ～ 1985）
	第二次世界大戦勃発	
	1939 第二次世界大戦勃発（～ 45）	メリアム（1874 ～ 1953）
	1942 英、ベヴァリッジ報告	フロム（1900 ～ 1980）
	1945 ヤルタ会談、ポツダム宣言	ハンナ・アーレント（1906 ～ 75）
	1945 サンフランシスコ会議、国際連合成立	リースマン（1909 ～ 2002）
		バーリン（1909 ～ 97）
	東西問題（冷戦）—社会主義国家と資本主義国家の対立	
	1947 マーシャル・プラン	
	1947 コミンフォルム	
	1948 ベルリン封鎖（～ 49）	
	1950 朝鮮戦争（～ 53）	
	1965 ヴェトナム戦争（～ 73）	

冷戦後の世界
1989 東欧革命、ソ連型社会主義体
制の崩壊
…デモクラシーと市場経済の勝利?

21 世紀—新たなデモクラシー危機の
時代
・民族ナショナリズムと権威主義の台
頭
・ポピュリズムと国家独裁体制の台頭

人名索引

【著者】宮原辰夫（みやはら・たつお）

文教大学国際学部教授。慶應義塾大学博士（法学）。

専門は政治学・地域研究（南アジア）。著書に『イギリス支配とインド・ムスリム』（成文堂）、『インド・イスラーム王朝の物語とその建築物』（春風社）、『ムガル建築の魅力——皇帝たちが築いた地上の楽園』（春風社）、共訳書に『イスラームと民主主義』（成文堂）、など。

講義　政治学入門

デモクラシーと国家を考える

2021 年 5 月 19 日　初版発行

著者	宮原辰夫　みやはら たつお
発行者	三浦衛
発行所	春風社　Shumpusha Publishing Co.,Ltd.

横浜市西区紅葉ヶ丘 53　横浜市教育会館 3 階
〈電話〉045-261-3168　〈FAX〉045-261-3169
〈振替〉00200-1-37524
http://www.shumpu.com　✉ info@shumpu.com

装丁	矢萩多聞
印刷・製本	シナノ書籍印刷 株式会社